识用管人人人

识人，洞察人心；

用人，择优汰劣；

管人，用尽其能。

吕佳林◎编著

卓越领导者
稳操胜券的三大艺术

中国出版集团
中译出版社

图书在版编目（CIP）数据

识人，用人，管人／吕佳林编著. —北京：
中译出版社，2020.1
ISBN 978 - 7 - 5001 - 6260 - 5

Ⅰ. ①识… Ⅱ. ①吕… Ⅲ. ①企业管理－人力资源管理
Ⅳ. ①F272.92

中国版本图书馆 CIP 数据核字（2020）第 002418 号

识人，用人，管人

出版发行／中译出版社
地　　址／北京市西城区车公庄大街甲 4 号物华大厦 6 层
电　　话／（010）68359376　68359303　68359101　68357937
邮　　编／100044
传　　真／（010）68358718
电子邮箱／book@ctph.com.cn

策划编辑／马　强　田　灿　　　**规　格**／880 毫米×1230 毫米　1/32
责任编辑／范　伟　吕百灵　　　　**印　张**／6
封面设计／君阅书装　　　　　　　**字　数**／135 千字
印　　刷／三河市嵩川印刷有限公司　**版　次**／2023 年 1 月第 1 版
经　　销／新华书店　　　　　　　**印　次**／2023 年 1 月第 1 次

ISBN 978 - 7 - 5001 - 6260 - 5　　　定价：32.00 元

前　言

我手下的兵个个拈轻怕重、挑肥拣瘦；

以前骂一次能好三天，现在一骂就辞职；

哪怕有一个能够独当一面的，我也不至于这么累；

现在的 95 后员工真是让人无语，不明白他们究竟想要什么；

……

作为一个企业或团队管理者，或多或少都有过类似的抱怨。在这个管理艰难的年代，界限消失了，标准不见了；科技在变，信息在变，观念在变，商业竞争也在变。我们可以用各种词汇去描述：跨界、颠覆、悖论、不确定、乱流……但都不准确，唯有"前所未有"最为恰当。

我们知道，经营一个企业，讲究的是更长远的发展，这要求经营管理者既要有长远的战略目标和发展策略，又要有科学而合理的管理方法，然后再整合企业的各种资源来推进这个战略目标直到最终实现。因为现在企业的竞争不但是人才的竞争，更是人才培养机制的竞争，特别是在市场竞争激烈的今天，企业若想在竞争中脱颖而出，就要拥有一支优秀的管理队伍，能够适应市场机制的需要，具有卓越的管理能力和打造一流团队的能力，从而推动企业获得更大、更好、更强、更优地发展。

而今天的企业管理者，正承受着前所未有的压力。"忙、乱、累、烦"似乎成了他们的工作常态。本书从识人、管人、用人这三个角度，提出了切实有效的管理方法。

路漫漫其修远兮，吾将上下而求索。管理之路没有终点，不断地遭遇挫折，你积累了经验；不断地取得成功，你积累了信心。成功永远是一个过程，积累、进发，再积累、再进发……

愿你在管理的职位上做得更加得心应手，愿你在管理的山峰上攀登得更高！

目　录

第一章　识别人才，为我所用

"横看成岭侧成峰，远近高低各不同。"由于各人的观察角度和立足点不同，庐山西林壁映入眼帘的形象也千姿百态。观山如此，看人也如此。

用人从识人开始

经营企业，最重要的是汇聚人才为我所用。那么什么叫"人才"？

《现代汉语词典》中对"人才"的解释为：德才兼备的人；有某种特长的人。也就是说，凡是有某种特长或者具备较高专业水准，在实际工作中有一定的创造能力的人，都是人才。

识别人才，既不能以一俊遮百丑，又不可只看不足忽视长处，而应全面观察、综合衡量。具体来说要注意以下几点：

1. 不要以点代面

对人才的全面识别，最忌讳的就是以点代面。就是说，看人才要综合地看、立体地看、交叉地看、全面地看，不能一叶障目不见泰山，只顾一点而忘记其余。

2. 不可以短掩长

任何人才，有其长必有其短，识别人才要全面，其中重要的一点就是不可以短掩长。倘若不是全面地识别人才，只注意某一点或某一个侧面，而这一点或一个侧面，又正好是人才的缺点和短处，就武断地对他下结论，这是非常危险的，大批优秀的人才将被抛弃和扼杀。孔雀开屏是非常漂亮的，倘若一个人不看孔雀那美丽的羽毛，只看到孔雀开屏露出的屁股，就武断地认为孔雀是极丑的，那实在是片面而又可笑。

3. 对传闻保持警惕

通常来说，传闻的可靠性较小，因为在传递过程中，人们常常根据自己的好恶添枝加叶，越传越失真，以致出现张冠李戴或黑白颠倒的现象。

《战国策》里有个"曾参杀人"的故事。曾子即曾参，是孔子的著名门徒。恰巧在他住的地方也有一个叫曾参的人。有一天，那个曾参杀了人，有人告诉曾子的母亲："曾参杀人了!"曾母不信，说："我儿子是不会杀人的。"说完依旧织她的锦绸。过了不久，又有人来说："曾参杀人了!"她仍然不信，继续安心在织机上工作。又过了一段时间，还有人来说："曾参杀人了!"这次曾母终于动摇了对儿子原有的信心，害怕被株连的她竟丢下手中的梭子，越墙而逃。

一种值得警惕的现象是：当某员工没有被重用时会平安无事，一旦准备提拔使用被考察时，有些员工就叽叽喳喳、说三道四、议论不停。应该说，能够引起别人议论的员工，一般都是有一定才能的，正因为他某一方面表现突出，才引起别人七嘴八舌。

有一幅漫画表现的是唐僧、沙僧、猪八戒考察孙悟空的情况，看了后使人感触颇深。师徒三人对悟空的评价不一。

唐僧："目无尊长!"

八戒："骄傲自大!"

沙僧："经常惹事!"

这幅漫画表明，像孙悟空那样本事大但不拘小节的人才是极易受攻击的。特别是一旦要得到提拔重用时，甚至连同悟空感情极好、素来敬重大师兄的沙僧，也可能有意无意地说上几句否定的话。

所以，作为领导者，就应该从众多的议论中"过滤"出正确的结论，如果大家议论得对，就应当改正，如果议论得不对，就要排除干扰，大胆任用优秀的员工。

人才选聘的种类

要选聘人才，首先要弄清什么是人才、自己的企业到底需要哪类人才。以下按性格特征对人才进行分类：

（1）通才型人才。这类人才一般知识广博、基础深厚，有很强的综合、创新能力，能够在全局的高度上集思广益、上下协调，善于应付多层次多角度的问题。这类人才不可多得，一般适于担当常务管理工作或在枢纽部门任职，如总调度员或办公室主任等职位。

（2）创新型人才。这种人才有能力、善应变、敢拼搏，行动富于风险性，思路新颖，赶超之心强。任用这类人员时，一定要委以独立重任，并极端注重工作方法。这类人员是开拓局面、打开通路所必需的，较适合新产品开发部门或营销部门的工作。

（3）实干型人才。实干型人才是任何组织都应必备的人才。这类人才埋头实干，有吃苦精神，注重工作效率和质量，企业应对这类人才适当加以保证和关爱。其最适合的工作无疑是公司最主要的业务部门或主要产品的产销部门。

（4）缜密型人才。缜密型人才的一大特点就是忠于职守，这是任何时代、任何老板都欢迎的人才。这种人才不贪功取巧，踏实认真，归属感强，无疑是财务部门、审计部门的最佳人才。

优秀员工的素描

优秀员工是这样一种人，无论是今天、明天还是更远的将来，他们都可以满足企业的需要。当然，这种员工都是非常受企业欢迎的。

优秀员工的优势不仅表现在他的能力上，更重要的还表现在他的品德、性格、责任感等内在方面。这些内在因素对于增强企业凝聚力、保持团队精神、形成良好工作作风是必不可少的。一般来说，优秀员工应具有以下特点：

（1）对于工作有很强的责任感，熟悉专业技能，有较丰富的工作经验。

（2）富有工作积极性。他们是主动找工作做，而不是在那里等着任务摊派下来。

（3）工作富有节奏感，不会把大量时间投入到毫无成效的工作中。

（4）领悟能力强，能准确掌握领导的意图和客户的想法。

（5）面对困难沉着、冷静，具有解决问题的能力。

（6）是个多面手，面对工作时间、地点的变动，都能及时调整适应。

（7）关心企业，对企业有很强的认同感。

（8）愉悦的工作态度并能感染他人。

优秀的人才能为企业创造极大的价值。因此，人才的选聘一定要把握这样几个原则：一是德才兼备的原则；二是能级原则，即正确地评价人才并为之选择适当岗位的原则；三是不拘一格的原则；四是要明确选人的标准；五是不要追求完人；六是要在实践中不断识别人才；七是内部优先的原则。

人才考察的程序

找到自己认为合适的人才以后，一般要进行考察，可以参考以下方法来考察准备聘用的人员：

（1）口头考察。口头考察也就是面谈，在面谈之前，要对应聘人员有所了解，然后在舒适的环境和精力集中的情况下进行，不要使应聘者感到紧张，并鼓励他大胆评价自己，以了解应聘人员有什么经验、特殊技能、志向和魄力，有哪些兴趣、爱好，来这里工作的动机是什么等，从而判断他的潜力，是否有发展前途等。面试是招聘考察的最重要步骤，一项调查表明，美国有90%的公司倾向于用面试法收集求职者的信息，因此面试中也有许多的技巧。下面我们简单列出了一些常用的面试提问问题，供大家参考：

- 你带简历了吗？

- 你希望的薪水是多少？

- 你上一年工作的薪水是多少？

- 你为什么要换工作？

- 你认为你上一个工作的主要工作成绩是什么？

- 你一周通常工作多少个小时？

- 你对上一个工作满意的地方在哪里，还有哪些不满？

- 你与你的上、下级及同事关系怎样？

- 你的下属对你苛求吗？

- 你怎样评价你的上一个单位？它的竞争优势和劣势是什么？

- 你认为你有哪些最有利的条件来胜任将来的职位？

- 你将用多长时间来展示你对公司的重要贡献？

- 你对我们公司的感觉怎样，包括规模、特点及竞争地位等？

- 你对申请职位的最大兴趣是什么？

- 你将怎样对你的工作或部门进行组织和安排？

- 你需要哪些权力或财务资料？为什么？

- 你将怎样建立你与组织内、外部的沟通网？

- 你喜欢告诉我有关你自身的哪些方面的情况？

- 你是个好学生吗？

- 你一直在继续你的专业领域的学习吗？为什么？

- 你业余时间都做些什么？

- 今后五年内你的发展目标是什么？

- 你最大的优点和缺点是什么？

- 你的工作潜力是什么？

- 为了实现你的目标，你将采取哪些行动？
- 你想拥有你自己的业务吗？
- 如果你被录用的话，你准备在我们公司做多久？
- 你父母是做什么工作的？
- 你兄弟姐妹是做什么工作的？
- 你参加过特殊的工作小组吗？如果是，你在里面的角色是什么？
- 你关心时事吗？
- 你属于哪些专业团体？
- 你的座右铭是什么？
- 你个人的好恶是什么？
- 你一般怎样度过你的一天？
- 你的家庭是一个很和睦的家庭吗？
- 你的进取精神怎样？
- 对你的工作有激励作用的因素有哪些？
- 金钱对你有很强的刺激性吗？
- 你喜欢一线工作还是参谋工作？
- 你更喜欢独自工作还是协作工作？
- 当你雇用员工时，你期待着什么？
- 你曾经解雇过员工吗？
- 你能与工会成员和他们的领导友好相处吗？
- 你对当前的经济和政治形势怎么看？
- 国家的方针政策将怎样影响我们的行业和你的工作？
- 你会与公司（酒店）签署一份雇用合同吗？

- 我们为什么要雇用你？

- 你想获得这份工作的理由是什么？

（2）能力考察。通过知识、技能及心理学方面的测验，评估求职者适应工作的能力，包括文化、业务知识考试，操作测验，专门心理测验等。即使已选中某人，也不能马上肯定他能胜任工作，最好让他工作一段时间，从中利用各种方式来考察他的能力、态度、技能和对工作的适应性。

（3）品行证明。在决定聘用一个人之前，也应该尽量了解其品行。如果聘用人员不当，就会出现生产不利、职工流动率高、原料浪费、士气低落等现象，这对企业经营者是相当不利的。在人工成本逐渐升高的今天，严格地挑选职工，可节省许多成本。

三步 20 分钟面试法

对于企业来说，最怕的不是招不到人，而是招不对人。

一份招聘启事发出去，电子邮箱里不出三天就有数百份求职信。每逢周末，人才市场里找工作的人也如过江之鲫。

这就像都市里的剩男剩女，都有"合作"的需求，但总遇不上双方满意的 TA。按照这个比喻，面试就是相亲了。有一招助你"相"中那个"意中人"：三步 20 分钟面试法。

1. 第一步：简历分析

在面试之前，你需要浏览一下应聘者的简历——尽管你之前

已经看过,加深自己对应聘者的认识。通过简历,你从以下四个方面来分析对方:

(1)分析相关知识的储备水平

从学历层次看其知识积累的深度,从专业看其与工作相关知识的积累,从资质证书、培训内容看应聘者与工作相关知识的积累。

(2)分析对企业环境的适应程度

如果对方有工作经历,他在哪儿工作时间最长?在哪儿工作时间最短?上一份工作因为什么离职?

工作最长,证明他比较适应那样的环境与工作,最短的则证明他不适合。离职的原因可以看出他的择业观。

(3)分析职业方向和不稳定因素

毕业大半年还没有工作?两份工作之间有四五个月的空白期?一年之内换了三家公司?

诸如此类信息要小心了,常常反映了对方职业方向与心态的不稳定。

(4)分析业务熟悉程度

有没有在本行业的工作经历?是否从事过相似的工作?从事的时间有多久?

从相似职位工作的时间长短看应聘者相关工作经验的丰富程度,从相同行业工作的时间长短看应聘者相同行业经验的丰富程度

2. 第二步:职务达成能力的评估

正式接触开始。

如果对方有工作经验——曾经服务的企业的规模如何？怎样的部门架构与团队结构？团队的工作分工、业务流程、工作职责如何？达成目标的动作如何分解？

通过以上问题，你可以判断其是否具有胜任所求职位的基本工作能力。

如果对方无工作经验——你对这职位的理解？认为达成目标最关键的什么？你觉得你需要哪一些方面的支持与协助？

通过以上的问题，可以看出他的思路是否开阔、逻辑是否严密，以及对所求的职位有没有基本的认知。综合起来，则是此人是否有潜力。

一般来说，业务类的职位，并非一定要招收有经验的人，对学历的要求也比较低。通行的说法是：能够通过培训提升的技能，不必作为遴选的依据。但管理类的职位，则需要有同行的从业以及管理经验。

3. 第三步：人际交往能力的评估

如果对方有工作经验——你原先所在的团队的经理有什么优缺点？你会多久跟上司（同事）做沟通？一般是就哪些问题沟通？沟通的方式与内容？沟通时间的长短？是否能经常取得满意的结果？

通过对应聘者在面试中的表现，和以往工作经历中与上司、同事的交往情形，分析判断其人际交往能力与团队协作能力。

如果对方无工作经验——则可以询问其在学校的表现：是否参加哪些社团？在社团担任何种职务？有没有做过兼职促销？

在这一步中，面试官需要留心应聘者的表现。例如他是否能够从问话中准确获取信息并形成自己的观点，同时也留心了面试官的感受。口头语言表达是否流利，用词是否准确，语言是否丰富、生动，回应是否适时，沟通是否非常顺畅。

另外，还要通过观察应聘者的服装是否整洁合体，目光是否有神，神态是否自然大方，语速、音调、音量是否适中等，才能最终分析判断出应聘者的沟通能力。

招聘技术专才，可以对人际交往能力适度放宽（技术控们与机器、电脑长时间打交道，不可避免地缺失了人际交往能力的锻炼与培养；而且，生性活泼的人往往也难以坐得住，做不了技术专家）。其他与人打交道密切的职位，考察沟通能力都是非常重要的，例如业务员、管理人员。

以上三步，第一步耗费 2 分钟，第二步和第三步各耗费时间约 9 分钟，共计 20 分钟。当然，也有走到第二步就发现完全不适用的，那么后面的步骤可以省略。可以礼貌地结束面谈，不用浪费彼此时间。有时遇上谈得来的，多说几分钟也无妨，但注意不要拖太久。

一般员工的选聘

为了获取优秀的员工和人才，不少大企业已经有专职的招聘人员，负责公司的常年招聘。对于某些初创企业来说，虽然没有条件仿效其他大企业，但只要在招聘过程中，能注意以下几个问题，其招聘工作往往会取得事半功倍的效果。

1. 简历并不能代表本人

简历的精美程度与应聘者个人能力并不成正比。招聘专员可以通过简历大致地了解应聘者的情况，初步判断出是否需要安排面试。招聘专员应该尽量避免通过简历对应聘者做深入的评价，也不应该因为简历对面试产生影响。虽然我们不能说应聘者的简历一定有虚假的成分，但每个人都有装扮自己的愿望，谁都希望将自己的全部优点（甚至夸大）写到简历中，同时将自己的缺点有意或无意地隐藏。

2. 经历比学历重要

对于有工作经验的人而言，工作经历远远比他的学历重要。他以前所处的工作环境和他以前所从事的工作最能反映他的需求特征和能力特征。特别是一些从事高新技术的研发人员，如果在两三年里没有在这个领域做过工作，很难说他能掌握这方面的先进技术。另外，应聘者的工作经历还可以反映出他的价值观和价值取向，这些东西远远比他的学历所显示的信息更加重要。

3. 重视求职者的个性特征

对岗位技能合格的应聘者，我们要注意考察他的个性特征。首先要考察他的性格特征在这个岗位上是否有发展潜力。有些应聘者可能在知识层面上适合该岗位的要求，但个性特征却会限制他在该岗位上的发展。比如一个应聘技术攻关的应聘者，他可能掌握了相关的知识，但缺乏自学能力，并且没有钻研精神，显然他不适合这个岗位。

另外，由于许多工作并非一个人能够完成，需要团队合作，所以，团队合作精神已经越来越为公司所看重。如果应聘者是一个非常固执或者偏激的人，在招聘时应该慎重。

4. 让应聘者更多地了解企业

招聘和求职是双向选择，招聘专员除了要更多地了解应聘者的情况外，还要让应聘者能够更充分地对公司进行了解。应注意的是，当应聘者与企业进行初步接触时，因为企业的大量宣传，应聘者一般都会对企业有过高的估计，这种估计会形成一个应聘者与企业的"精神契约"。招聘专员让应聘者更多地了解企业的目的之一就是打破这种"精神契约"（而不是加强）。

应聘者对企业不切实际的期望越高，在他进入企业后，他的失望也就会越大。这种状况可能会导致员工对企业的不满，甚至离职。所以，让应聘者在应聘时更多地了解企业是非常重要的。

5. 给应聘者更多的表现机会

招聘人员不能仅根据面试中标准的问答来确定对应聘者的认识。招聘人员应该尽可能为应聘者提供更多的表现机会。比如，在应聘者递交应聘材料时，可让应聘者提供更详尽的能证明自己工作能力的材料。另外，在面试时，招聘人员可以提一些能够让应聘者充分发挥自己才能的问题。如："如果让你做这件事，你将怎么办？""在以前工作中，你最满意的是哪一项工作？"等。

6. 面试安排要周到

为了保证面试工作的顺利进行，面试安排非常重要。首先是时间安排，面试时间既要保证应聘者有时间前来，也要保证企业相关领导能够到场；其次是面试内容的设计，比如面试时需要提哪些问题，需要考察应聘者哪些方面的素质，等等，都需要提前做好准备；最后是要做好接待工作，要有应聘者等待面试的场所，最好备一些企业的宣传资料，以备应聘者等待时翻阅。面试的过程是一个双向交流的过程，面试安排是否周到体现一个企业的管理素质和企业形象。

7. 注意自身面试时的形象

关于应聘者在面试时应该如何注意自己的形象这个话题，在各种书籍上已经谈了很多。值得一提的是，面试时招聘人员也应该注意自身的形象——前面已经讲过，面试是一个双向交流的过程，它不仅是企业在选择应聘者，也是应聘者在选择企业，特别是那些高级人才更是如此。

招聘人员首先应注意的是自己的仪表和举止，另外要注意自己的谈吐。在向应聘者提问时，应该显示出自己的能力和素养。因为招聘人员代表着企业的形象，所以面试不应该过于随便，更不能谈论一些有损企业形象的内容。

经营型员工的甄选

有一家集团公司总经理介绍他所在公司挑选员工的经验时曾说道："多年来，我们聘用过各种各样的员工，有工商管理硕士、律师、会计师、退役的运动员，还有一些从其他公司跳槽的员工。有些人做的是与自己专业对口的工作，有些人做的工作却是他们从未预料到的。"

他挑选员工的经验教训是:

1. 当心熟面孔

千万不要仅仅因为某人在本行业里卓有声誉就去聘用他,因为很多时候他熟悉的仅仅是自己的行当,而不是我们的业务。有一销售运动器材的分公司,在与奥运会某滑雪金牌获得者签订合约后,本打算找一个懂滑雪的经纪人来处理有关业务,为的是他们之间有共同的语言。但是很快他们就认识到,并不一定非得由一个懂得滑雪的人来向赞助人和有关公司推销,他们所需要的是知道如何推销名人的推销员。这种情形就像我们如果要推销一种新品牌肥皂,是聘请发明肥皂的化学家来推销呢,还是聘请一个神通广大的推销专家?

2. 考虑客户的需要

另一分公司曾经聘请过一个高尔夫球手在公司高尔夫球场设备部门工作,但很快发现,很难将他从巡回比赛的旅途中拉回来,安坐到办公桌后面,并且指望购买高尔夫球场设备的客户们接受他、承认他是熟悉销售的专家。客户们会不客气地说:"他不过是一个高尔夫球员,他懂什么?"

在聘请一个退役职业足球运动员来管理公司的运动俱乐部时也遇到了同样的问题。足球运动员们并不要求一个懂足球的人,他们所需要的是一个在签订合同及管理财务方面有丰富经验的经纪人。

另外一个例子是,当阿尔诺德·帕尔梅开创他自己的汽车销售业务时，由于自己对这一行一窍不通，于是聘用了一家大汽车制造企业的一个部门经理来管理这项业务。

只可惜，这位先生对汽车的了解是站在一个制造商而非推销商的角度。他从未卖过一辆汽车，并且只习惯于担任拥有一大群下属供其发号施令的部门经理，所以他不习惯在激烈的市场竞争中创造业绩。更糟糕的是，他极容易接受工厂的意见。而在汽车行业，经销商必须与工厂进行激烈地较量，才能拿到市场最紧俏的抢手货，而不是滞销品种。在这种情况下，他这种特长可以说是致命的弱点。

后来，阿尔诺德聘请了一位与汽车行业不相干的精明能干的商人，这位商人曾管理过自己的生意，非常了解销售公司的经营管理业务，对降低成本极有热情。如果有人对他说"这件事一直就是这样做的"，他一定会想方设法另辟蹊径。结果使公司的汽车销售业务日渐繁盛。

副职的甄选

对于一个有作为的领导者来说，选择好身边的副职是至关重要的。甄选副职不妨多考虑以下几个方面的法则：

1. 参与决策和有效执行的法则

领导者选择副职，首先必须明确所选择的副职不仅是自己的助手、执行者，更主要是决策集体中的一员，因此他必须明确每

17

一个决策的背景、前途，并积极参与决策。实践证明，副职的参与决策程度越高，其责任心就会更强，执行更自觉，行为更规范，效率更高。那种只把副职当作"应声虫""传话筒"，或要求副职只能顺从自己的意见的领导者，势必要导致失败。

2. 才职相称的法则

被选人才的素质、才能，务必要与所任职务的职权、职责、任务相称。

3. 决策权可以转移的法则

领导者所选出的副职人才，特别是主要的副职人才，一定要具备领导因故离职或暂时离开单位时，有能力负责处理临时出现的重大问题的素质。

4. 员工接受法则

领导者选择副职，一定要考察其在本单位大多数（70%以上）员工中的接受程度，即要看员工对该人是否信任、支持、理解，否则会产生许多不良的后果。

5. 自觉发挥主观能动法则

领导者在选择副职时，一定要考虑他是否能在与自己通力合作的同时，发挥主观能动性。就是使领导在决策层中，不仅处于中心位置，而且是动力源和神经中枢。领导者在归纳集中智慧形成决策后，又能很灵活地任用各个副职去贯彻执行这项决策，使整个单位的机能得以良好地运转。

6. 精简法则

领导者一定不要以为副职越多越好，恰恰相反，班子成员超过一定的限额，便会极大地影响决策效率。据有关研究表明，领导班子成员人数一般不要超过七人。

以上法则为我们选择好副职提供了方向性的指导，在具体的实际操作中，究竟哪些人才能够进入选择范围呢？

（1）通才型人才

该类人才知识面广博，专业基础扎实，善于出奇制胜、集思广益，有很强的综合、移植与创新能力，能够站在战略高度深谋远虑。当领导者本身不是这类通才时，最适于选拔通才为副职。

（2）补充型人才

通常补充型人才最适合做领导者的副职。该类人才可以分为两类：一是自然补充型，即具有领导者所短缺方面的长处，进入班子便自然地以其之长补领导之短，可有效强化集体班子的优势。二是意识补充型，即能自觉地意识到自己的地位与作用，善于领会领导者的意图，认识到领导者的长处与短处，积极地以己之长去补领导者之短。

（3）实干型人才

实干型人才是每一个领导班子中必需的人才。这类人才通常以埋头苦干、任劳任怨、高效率、高质量、高节奏而见长，是领导者身边不可缺少的人才。但是，在大多数情况下，这类人往往缺乏自我保护的意识与能力，于是不免总被明枪暗箭所伤。作为一个有爱心的一把手，务必要善于为他们保驾护航。

（4）忠诚型人才

忠诚老实是中华民族的传统美德。从精忠报国的岳飞，到革命前辈的"舍小家为大家，舍自己为人民"，无不体现中华民族忠诚老实的优良传统。可以说，忠诚型人才是任何时代、任何领导者都欢迎的人，他们忠心耿耿的优秀品质构筑了他们在领导者心中不可动摇的地位。当然，这种忠诚绝对不是不经思考的"领导让干啥就干啥"式的"愚忠"，而是忠实地执行领导者的意图和维护集体利益的忠诚，当领导者的某些言行与政策相抵触或与单位的共同目标发生偏差的时候，他们也会义不容辞地以适当的方式向领导者提出中肯的建议。

（5）竞争型人才

这种人才有能力在复杂多变的环境下，独立地处理好公司的问题，面对困难敢于拼搏，无嫉妒之心，有"敢为天下先"的魄力与激情，直至取得重大成就。正是这种人才不屈不挠的斗志与咄咄逼人的锐气，对领导者容易造成心理压力，于是往往成为某些心胸狭窄的领导者不予重用甚至贬斥的对象，他们也将比常人遭受更多的非议和委屈。作为一个英明大度的领导者，应该认识到这种人才是企业开创新局面、拓宽道路所不可缺少的。当他们遇到多方面的困难时，要多给予关怀和爱护，并以一种豁达的心境主动地支持理解他们，并与他们开展友好的竞赛。

（6）潜在型人才

这类人才通常以年轻人为主，他们才华初露，充满朝气，敢为天下先。但他们涉世不深，思想尚未成熟，其才能处于隐蔽阶段，需要经过一段时间的培养与训练等，方能脱颖而出担当大任。因此对这类人才，领导者要有长远眼光和关怀爱护之心。

主管的甄选

主管是领导者最得力的助手，是一个单位最关键的职能管理人员。他们素质的好坏，往往直接关系到整个事业的兴衰，因此在选用主管的时候，务必要进行特别的掂量和权衡。

主管是单位某一方面的管理专家，他们相对员工来说，是直接的领导者；相对上司来说，又是下属和助手。主管这种特殊的角色，使得领导者在聘用他们时，必须进行综合考虑和慎重的权衡。无论多大的公司，总经理是一城之主，主管与总经理之间保持和谐的人际关系是非常重要的。

那么，什么样的主管才是总经理心目中的理想人选呢？

首先，主管必须与总经理在性格上相投。主管要能够理解总经理的感情变化，不要有过多的被人使唤或命令的怨气，更不能在下属面前显示自己不可一世，或在单位内部拉帮结派，不把总经理放在眼里，甚至架空总经理。主管确实应有一定的权力，但不能以为自己能做到的事情（主要是指一些关键性的事情）就不用与总经理通气、汇报。

其次，主管要有辅佐总经理开拓最得意的经营领域的能力。作为总经理的助手，主管要有能够弥补总经理短处的优势，有时候要代理总经理处理某方面的重大问题，所以在选用主管的时候，最好选择能发挥总经理长处的人。

最后，主管对员工进行提升时，不能凭个人的感情用事。比如主管是一个十分稳当、凡事都慢四拍的人，自然乐意提升性格优柔寡断、谨慎万分的员工；主管若是一个爱出风头、讲排场、好面子的人，当然就不喜欢那些脚踏实地、忠诚老实的人。这样一来，不仅浪费了单位一批人才，还使一些性格不合主管意愿，而又有真才实学的人得不到发展。

推销员的甄选

推销员的选择对许多企业来说是件相当重要的事。企业在选择推销员时，不妨有意识地从几个方面衡量一下，看被选择的对象是否具有这些素质，诸如丰富的推销经验、相当高的受教育程度，以及出色的智力等。智力对推销工作来说是取得成功的必备条件，但又不必要求过高，如果推销员是一个智力高超的人，他就不会安心做推销工作了，很可能中途辞职而去。

在选择推销员时，还要注意几个方面。首先，选择的对象要安心推销工作，能够吃苦耐劳，以保持这一职位员工的稳定性，不然，如果经常更换推销员，永远由新手来做推销工作，对企业就会造成极大损失；其次，员工应具有很强的事业心，把办好企业作为自己的奋斗目标，为了达到这一目标而甘愿吃苦，即便从每天清晨 8 点出门登门拜访第一个客户，一直跑到晚上 10 点，他也会毫无怨言；再次，员工还要具备对企业忠诚的素质。他应该是一个忠诚老实的人，而且他要凭着这种对企业忠诚的态度去感动他的推销对象；最后，员工还要善于辞令，措辞很准确。推销员选择好了以后，就要抓紧对他们进行培训。通过培训使他们克服一些自身缺陷，如过分体贴同情顾客、说话办事缺乏弹性、不乐意做推销工作等。

由此可见，选择推销员时，务必要深入分析，了解公司到底需要哪种类型的员工来担任，并观察哪些人拥有推销员所需的特点和条件。

秘书的甄选

在许多领导者心目中，秘书的工作不外乎接听电话、接待来访者、打字、速记与管理档案等。尽管这些工作都是秘书的职责范围，但是秘书所能履行的职责远远不止于此。美国的全国秘书协会就给"秘书"下过这样的定义："秘书即是行政助理，她他具有处理办公事务的技能，在无人直接监督的情况下，足以承担责任和运用自发力和判断力，并且在规定的权限内有能力制定决策。"由此可知，秘书是具有特殊身份的业务助理。这种特殊身份表现在秘书与领导者的紧密工作配合上。

一个秘书选择得好坏，与一个领导者的作为和整个企业的振兴与否有很大的关联。因此，在选择秘书的问题上，务必以更谨慎的态度而为之。

选择秘书时，一般应该由领导者亲自进行。下属或许能做好这个工作，但毕竟没有太大的把握。实际上，一个精明的领导者绝不会因为自己抽不出时间，而放弃亲自对秘书选拔的机会。

选择的秘书得当，可以给领导者以很大的帮助，有利于成就他的一番事业；否则，不但对事业不利，甚至还可能会影响领导者的生活。

一般来说，在选择秘书时，应该注意下列问题。

1. 性格不好的人不适合选用

秘书是领导者接触最多的人，秘书脾气不好，将影响领导者工作的心情和两人彼此间的合作。作为秘书，他的举止必须文雅，待人接物要温和细致，因为性格不好的人还会经常与别人发生不愉快的争执，对工作极为不利，更有损领导脸面。

2. 不注重仪表的不适合选用

秘书的仪表举止非常重要，如果他不修边幅，穿着随便，会使人对他的领导者的印象也大打折扣。秘书应该注重仪表、举止大方得体、恰如其分，不应过于前卫或妖艳。

3. 丢三落四的人不适合选用

假如他整天丢三落四，今天忘了告诉领导有人求见，明天忘了准备领导交代的一个会议，再后天甚至连领导马上就要做报告的讲话稿都弄丢了。选用了这样粗心大意的秘书，面对大量的信息和资料的他岂不太误事！

4. 太漂亮的女秘书一般不适合选用

有许多低素质的上司往往过于看重女秘书的相貌。他们见到容貌出众的女孩，不管她的才能如何，都要尽收门下作为自己的秘书，整日光彩照人，自感在靓女的辉映下容光焕发。殊不知天长日久有些人会在不知不觉间对秘书产生爱慕之情且越陷越深，最终将影响自己的工作和事业，甚至毁坏美满的家庭。一个好端端的公司便会弄得江河日下，最终难逃厄运。

麦当劳"五不"的启示

麦当劳是誉满全球的快餐店，是当今全球最大的经营快餐的企业集团。麦当劳的成功，与其贯彻在选人问题上的"五不"观念分不开的。

1. 不用"靓女

当今很多服务行业在招工时，对员工的外貌、身材特别讲究，尤其是女性，漂亮的容貌往往是首要的条件。但麦当劳绝不讲求漂亮，它所录用的员工虽相貌平平，却能吃苦耐劳。

2. 不用"熟手"

其聘用的员工几乎全是初出茅庐的年轻人。麦当劳在几十年的创业中，积累了一整套成功的管理经验，录用新员工时，宁愿用"生手"而不用"熟手"，因为他们要用自己的经验培训员工，而不用他人的框架束缚自己。他们所追求的并不是要有一定的工作经验，而是一种精神状态。他们对曾在服务性行业工作过的人感兴趣的原因是，那些人已经具有与人交往的意识、方法和服务精神。企业只是建立更好的用人氛围，在人员招聘时不排斥任何人才。

3. 不搞暗箱操作

为了确保求职者准确无误地了解工作岗位和工作条件，所有履历考核全部通过的求职者，需要在餐饮店里进行三天实地实习，以便熟悉未来的工作环境。经过三天带薪实习之后，双方将第二次见面，最后确定是否录用。麦当劳培养一名经理，一般须经过以下几个阶段：

在第一阶段，是培养一些快餐店实习助理。通常，一位年轻的毕业生在成为经理之前，必须担任 4~6 个月实习助理。麦当劳公司认为，一个实习助理对快餐店的良好管理，来源于对生产全过程的深入了解。基于这个原则，公司要求实习助理熟悉各部门的业务；从付款台到炸制薯条，每位麦当劳员工都要掌握各工种的诀窍。在这段短暂的时间里，实习助理须掌握达到最佳质量与服务的所有方法。

第二阶段是学习做二级助理，之后是一级助理，也就是经理的助手。过了最后这个阶段，便可成为快餐店的经理。通常，从进入麦当劳到晋升到经理的位置，平均需要 2~3 年。

年轻的毕业生晋升为经理前，须到公司总部实习 15 天，学习快餐店科学的管理方法。接下来，预想不到的好事随时可能出现，有些不满 30 岁的快餐店经理可能被提拔为管理三家快餐店的负责人，有些人还可能成为地区业务的代表。

麦当劳在人才管理方面的一个基本观点，是人才的作用是为人员招聘、企业管理等方面的经营者提供帮助，以最大限度地减轻他们的负担，从而使他们更加集中精力为客人服务。

4. 不"炒鱿鱼"

麦当劳不"炒"员工"鱿鱼"，除了对企业选拔人才的眼光具有高度的自信外，更体现了对员工的关怀与尊重。

5. 工作时间不搞限制

麦当劳录用的员工可以在工作时间上自由选择。可以当全职员工，也可以当兼职员工。从早上 7 时到晚上 11 时，可随意挑选。这一点吸引了大批人才应聘，范围之广遍及各个行业，麦当劳可以从中选择最优秀的员工。

麦当劳在选人时"五不"的观念，带给我们如下启示：

首先，麦当劳打破论资排辈的陈腐观念，不拘一格用人才，大量聘用没有工作经验的年轻员工，提倡"不唯文凭重水平、不唯年龄看本领、不唯资历重实绩"。据统计，人的一生中 25～45 岁之间，是人的创造力最旺盛的黄金时期，被称之为创造年龄区。不敢重用年轻人，既耽误他人，也毁了自己，大凡成功的领导者都敢于重用年轻人。比尔·盖茨能成为世界首富，就是得益于重用年轻人。他说："对我来说，大部分快乐一直来自我能聘请有才华的人，并与之一道工作。我招聘了许多比我年轻的员工，他们个个才智超群、视野宽阔，必能在事业中更进一步。"这充分说明一个道理：只要有才智，年轻人足以担当重任。

其次，给员工一片广阔的空间，让他们能够自由轻松地工作，同时又重视对员工的培养，从不对员工言"炒鱿鱼"，使员工增强了自尊心、荣誉感与安全感，从而对企业产生一种向心力和凝聚力。麦当劳已形成了这样一种好的氛围，人人关心企业的经营与效益，个个维护企业的形象与名誉。

最后，不以相貌取人，不刻意去招聘"靓女"。"人不可貌相，海水不可斗量。"这是中国人的一句格言。泰戈尔说得好："你可以从外表的美来评论一朵花或一只蝴蝶，但不能这样来评论一个人。"以相貌取人、评判人，没有丝毫的科学根据。事实上其貌不扬的人，有不少是有才学的人；而相貌出众的人，也有不少平庸之辈。人的相貌与人的才能并没有必然联系。

在我国，有一些企业领导，在招聘员工时过于注重学历、资历和"富有经验"的条件。在选拔员工时畏手畏脚，不敢任用年轻人，总认为他们还稚嫩，缺乏经验和阅历，挑不起大梁，往往根据员工的任职时间的长短、参加工作的早晚来排列次序的先后，结果挫伤了年轻员工的积极性，不利于年轻员工脱颖而出。实践证明，青年人好学上进、思维敏捷、锐意改革、敢当重任，对这种精神和热情，理应鼓励支持，大胆任用有抱负、有才能的年轻人。还有一些企业领导以貌取人，一味地招"靓女"，不顾其德才如何，而招到的只是一些"花瓶"——"中看不中用"，嘴甜、眼活、腹中空。更有一些领导对员工没有爱心，不是给员工创造宽松的工作环境，而是把自己当成一个十足的老板，动不动就威胁员工"下岗""待岗""分流"，"炒鱿鱼"成了家常便饭，搞得员工人人自危，哪还有心思去工作。

第二章 财散人聚，人聚事成

　　将财散给其他人，这些人就会聚集在你的身边；将财聚集在自己的手里，没有人会跟随你。人心是企业持久的动力之源。有了这份力量，还有什么事情不能成就？

尽量支付高工资

　　企业的发展离不开人才，如何让这些人才发挥好作用还得看是否激励得当。利益是激励人的根本动力。利益激励的重点在于：保障员工的基本利益，并且告诉员工如何争取更多的利益。这样就能很好地激发他们的内在动力。

　　人才问题是企业兴衰成败的关键。日本经济飞速发展，主要原因之一是重视人才。在这方面，长期从事企业经营管理指导工作的酒井正敬先生有独到的见解："我所依据的原则是，你使用各种办法，在招工时用尽浑身解数，不如使自身成为一个好公司。这样，人才则自然就会汇集而来。如果只是招工时采用各种手段，说尽甜言蜜语，而当年轻人一旦进入公司，发现公司本身并不好，马上会意识到：'我受骗了'，接着就会纷纷辞职。我的经营指导方针是不一定做大企业，而要努力做优良的中小企业。公司规模大，并不值得骄傲，值得骄傲的是公司自身优秀。"

　　招到优秀人才还要会用才，有了优秀人才后，要用一定的办法和措施稳住人才，酒井正敬先生认为稳定人才的法宝之一是高工资。

　　他认为，"一个经营良好的公司，首先是员工的工资较高，给企业的员工支付高工资是经营者的职责。其实，也可以换一个说法，让员工们生活得更幸福，是经营者的职责"。

战国时期，燕昭王刚即位时，燕国百废待兴，百业待举，而他听从谋士建议，一切从引进人才开始。于是他高筑土台，上置千两黄金，以赠贤人能士，广揽人才。黄金台一筑，燕昭王求才若渴、爱贤如命的消息便不胫而走，风闻各国。不久，各国人才感其赤诚，趋之若鹜，于是群贤毕至。燕昭王凭此无价之宝，经二十多年的励精图治，终使弱小的燕国得以强大起来，成为战国七雄之一。

古人注意高薪引才，现代人更是如此。瑞士曾有一位研究人员研制成功一种电子笔及其辅助设备，这套系统可用来修正卫星拍摄的红外线照片。这项重大发明立即引起全世界各大公司的关注，各公司为得到他使尽浑身解数，争相加薪和提高待遇，闹得满城风雨。最后还是一家美国公司棋高一着，对那位研究人员说，现在我们暂不给你定高薪，等他们决定了，我们乘以五。结果可想而知，最终这位研究人员去了美国。

中国台湾企业家蔡长汀在用人的时候，也具有同样的特点。只要是看中的人才，不管他暂时能不能给企业带来效益，也不管远近亲疏，蔡长汀总是不惜重金盛情邀请，有这么一件事：

台大化学系高才生牛正基先生，毕业后赴美国布鲁克林理工学院深造，获得了高分子博士学位。在康乃尔大学研究两年后，到某公司任开发部业务经理牛正基先生是一个有着深厚业务功底的专门技术人才，蔡长汀当时正想办一家高科技企业，求贤若渴。认识牛正基后，他简直是踏破铁鞋，几次三番地邀请牛正基到自己的"环隆企业集团"里来，并反复地陈述着自己的企业发展构想。

由于牛正基先生在美国有优越的工作、研究场所和生活环境，对于是否来台，一时举棋不定。蔡长汀了解了这个情况后，不但为牛正基先生创业提供了优越的条件，而且在经济上给予了丰厚的待遇。蔡长汀说："我给他20％的利润，等于帮他创业，这对他来说，比在美国大公司当雇员有意义多了。"牛正基终于被感动，告别了妻儿，只身由美国赴台湾与蔡长汀共创大业。

又如，美国电子计算机公司之中的后起之秀阿普尔计算机公司正视自己的弱点，不惜重金聘请领导，使公司得到了迅速发展。

该公司的创始人——28岁的斯蒂芬·乔布和前总经理麦克·马库拉虽然都擅长计算机技术，但缺乏销售能力，所以刚开始公司发展不快。针对这一问题，公司不惜以年薪加奖金的办法，以总额200万美元的重金聘请美国百事可乐公司的原总经理、精通销售学的约翰·施库利担任阿普尔计算机公司的总经理。他到任后不负重托，在决定接受这一聘请之前，除了同阿普尔公司进行商谈外，还花费了整整三个月的时间，分别同该公司的每一个领导仔细交谈，全面掌握了情况。于是他一上任，马上提出了公司的发展战略计划，并立志要将阿普尔公司变成可与美国商用机器公司相媲美的大企业。

美国福特汽车公司在亨利二世接管时已奄奄一息，为了迅速地扭转局面，他提出了一个条件，即不被束缚手脚，能够完全放手进行他需要的任何改革。他的改革从选择人才开始，他不惜用重金聘请管理人才，而且让他们在工作中拥有实职实权，充分发挥他们的才干。

在第二次世界大战期间，美国空军有一个数据管理小组，即以桑顿为首的 10 名卓有才华的年轻军官组成的"桑顿小组"。战争期间，这 10 名军官非凡的运筹能力和财会管理能力得到了锻炼，他们决定联系起来，在和平时期作为一个管理小组受聘。素有"神童"之称的这 10 个人中，包括后来出任肯尼迪政府国防部长的麦克纳马拉。当时这些青年军官给福特公司发了一份电报。电报称，有 10 个在战争期间在空军干过有关规章制度管理工作的人在找工作。亨利二世在回电中表示："来谈谈吧。"于是桑顿来和亨利二世会面，亨利二世说，福特公司确实需要这一班人所具有的那种经验，因此决定录用他们。当时这些青年军官所要求的工资标准是比较高的，但亨利二世认为，这种高级管理人才，正是公司事业发展所急需的，付给他们高薪也完全值得。

于是，亨利二世全部聘用了他们，并委以重任。在从 20 世纪 40 年代到 60 年代的时间里，在这 10 人中先后出现了四个公司高级领导，他们为福特汽车公司的发展做出了很大的贡献。

更为称奇的是，福特公司为了聘请到不愿离开一家小厂的德国工程师斯坦因曼斯，竟斥巨资把那家小厂收购。斯坦因曼斯不离开那家小厂的理由是割舍不开与那家厂的感情，福特公司买下那家小厂的理由是斯坦因曼斯是一个人才。

激励的六大原则

一般来说，企业对员工所采取的激励手段，要遵循以下六个原则：

1. 针对性原则

领导者使用的激励方式、方法，要适宜于具体激励对象的心理需要，以获得理想的激励效果。

所谓针对性，即针对激励对象的期望值。员工的期望值越高，越具激发性。当实现结果大于期望值时，会喜出望外而表现出最大的积极性，反之就会挫伤积极性。因此，领导者需要准确把握团队成员的个体差异，针对不同需求层次，有效地发挥激励功能，摆脱盲目性。

2. 有效性原则

激励的有效性就是看激励的最终目的能否达到。这就要求从这样几方面进行考察，首先是激励的条件或标准的确定，标准定得过高、过严或过低、过松，都会影响激励效果。其次是激励类型的选定，领导者要运用多种激励方式，不要机械地搞一种模式。再次是激励范围的划定，要达到激励的正面效应，便要剔除激励中的平均主义，避免激励贬值。最后是对激励对象的宣传，没有相应的形式和声势，激励便不能产生对整个团队的应有的正面效应；如果搞形式主义，夸大其词，便会产生抵消激励的负面效应，达不到预期目的。

3. 严肃性原则

激励效果的高低，完全取决于领导者运用激励的严肃性。这要求领导者采取积极而慎重的态度，坚持按业绩大小实行奖励，并选准激励对象，使大家真正心服口服。

4. 物质奖励和精神奖励相结合原则

重视物质奖励，能满足员工的物质利益要求；精神奖励则满足员工的高层次的精神需求，两者不可偏废。

5. 适度性原则

物质激励要适度、适当，应根据激励对象的业绩大小，根据不同时期、不同内容、不同目的、确定适当的奖励标准，保证奖励"恰如其分"。

6. 公正原则

坚持公正原则，就是要求领导者不能掺杂任何个人感情，搞亲疏、厚薄关系，而是要坚持秉公办事，公私分明，真正做到奖罚分明。

奖励的10种策略

对于奖励，常用的有以下10种策略：

1. 奖励一贯好的人

——在较长的时间内评价员工，对表现一贯良好的员工给予重奖；

——确定对团队成功至关重要的一两个方面，并奖励在这方面做出突出贡献的员工；

——奖励为公司长远发展做出积极贡献的员工。

2. 奖励理智的冒险

——提示员工要从失败中吸取教训并努力改进；

——及时鼓励失败者，因为一个项目的失败，只不过是推迟了庆祝成功的时间；

——鼓励理智的冒险，而不是愚蠢的行为。其标准是，冒险是否已充分考虑了已知因素和较为科学的依据。

3. 奖励创造性工作

——营造一个有助于进行创造性活动的工作环境；

——对成功的创新支付必要的研制经费；

——以竞争促创新。

4. 奖励付诸行动的员工

——养成动手的习惯，不要空发议论；

——一旦拿定了主意，就立即行动；

——鼓励采取行动者，或奖励采取行动的员工。

5. 奖励卓有成效的工作

——确定工作范围，力戒忙乱；

——鼓励员工进行思考、计划和运筹，使工作有条不紊；

——提防"程序化"。因为只注重"程序化"的员工，关注的是确保每一个程序的正确，而不管结果是对还是错。

6. 奖励有效率的工作

——鼓励简化工作程序，去除不必要的事情；

——精简领导层次，须知每增设一个机构，无形中就使事情复杂了许多；

——简化程序和管理。如果是基层可以决定的事，就没有必要层层上报。

7. 奖励无名英雄

——谁是最难得的员工，少了他们会怎样？

——谁在有压力时工作得最好？

——谁善始善终地按时按质完成任务？

——当团队利益与个人利益发生矛盾时，谁会牺牲个人利益，而去维护团队利益？

——在领导者不在场的情况下，谁最值得信任？

8. 奖励维护工作质量的员工

——让每一个员工都懂得工作质量的重要性；

——对每个员工进行质量控制的基础训练，并且从团队高层领导开始；

——定期公布质量情况，并给予优胜者以奖励。

9. 奖励忠诚，反对背叛

——以心换心，以诚换诚；

——保持信息渠道的公开和透明，以建立相互的信任；

——奖励对企业忠诚者，给忠诚者更好的职位。

10. 奖励合作，反对内讧

——营造企业内工作相互依赖、团结协作的氛围；

——确定一个只有相互合作才能达到的共同目标；

——根据员工或团队做出的业绩和相互帮助的情况给予奖励；

——创建企业良好的合作风格。领导者最好具备这样的胸怀："事情没做好，这是我的原因；事情做好了，这是大家做的。"

物质奖励的艺术

物质奖励作为一种正面强化的激励手段，往往比批评等负面工作更能达到调动员工积极性的目的。企业通过物质利益鼓励员工的积极行为，使员工在责任感和荣誉感的驱使下，自觉自愿地效力于企业。这对企业人力资源开发会起到极大的作用。

应用物质奖励时，要注意以下几个原则：

1. 奖励程度要相称

在奖励过程中，要确实根据员工贡献的大小给予奖励，多劳多得，少劳少得，不搞平均主义，也不能夸大或缩小员工的成绩。通过科学的成绩考核和贡献评价指标体系及严格的考评制度、正确的考评方法，以确定员工贡献量的真实情况，然后再根据实际情况定出奖励程度。如果定得过高或过低，都会影响奖励的作用。而搞分配上的大锅饭，更是失去了奖励的意义，使勤人变懒、懒人当道，企业失去活力。因此，企业家要从实际出发，有针对性地奖励有作为、有贡献者，提高他们的待遇，形成明显奖励差别，促使未受奖者或少受奖者努力赶上，为企业多做贡献。

2. 随时奖励

员工何时做出突出贡献，领导就应何时给予奖励。企业为每个员工提供均等的受奖机会，无论其过去表现如何，无论其干何种工作，不需要联系以往的历史，只要员工做出现实的贡献，随时随地都应受到奖励。使员工感到企业时刻在关心自己的进步，进步者能及时受到奖励后，更加注意自己今后的发展，从而强化了员工的进取意识。而延期奖励或依人奖励则会减少热情，降低奖励的可信度，进而遭到员工的漠视。

3. 使员工处在期待状态

期待是指某种特定的行为产生一定的结果，或达到预期目标的主观愿望。员工努力工作总希望能得到相应的报酬，这种期待报酬可分为内在和外在两种。内在的期待报酬是指工作的成就感和自我价值实现的满足感等，而外在的期待报酬则是奖金、晋级等物质奖励。每个人的目标、经历不同，所期待的内容和程度也各不相同。领导应尽可能地为员工创造条件，使之发挥最大的能力，并努力帮助员工实现各自的期待。

4. 根据需求目标奖励

企业中员工的年龄、性格、水平、文化、地位、素质等均不相同，其需求的目标、档次、程度自然各异。企业领导要区分消极和积极的需求，对积极的需求给予奖励，对消极的需求加以抑制，根据企业自身的条件创造新需求。领导应以身作则，带头示范，正确地引导需求方向。也可通过承诺制度诱发新需求，但注意不可轻允，要有分寸、有方向，一诺千金，允诺必须兑现。

5. 满足员工的需要

满足是指一定行为的结果，使其需求和期待暂时得以实现。企业领导要通过物质奖励的方法来实现这一原则，但必须了解实质型的奖励（如奖金、物品）只能满足生理上的需要。现代管理心理学表明，精神需要的满足，比物质需要的满足更能产生持久的动力。人的需要在本质上是精神需要，是情感需要。当人们的物质收入达到一定水平时，奖励的刺激作用就日益减少，而成熟感、责任心等精神需要越是得到满足，就越能激发工作热情。寓物于情，赋情于物，领导应使被奖励者在经济上得到实惠，同时受到关怀、鼓励，得到了情感精神上的满足。

6. 大多数奖励原则

作为企业，每一次从财务计划中划出的奖金数额是一定的。在此基础上，企业应尽量扩大奖励范围和比例。获得奖励的员工比例越大，就越能起到激励作用，从而使更多的员工去努力工作，不断追求自己的新目标。

明奖暗奖利弊谈

奖励可分明奖及暗奖。我国企业大多实行明奖，大家评奖，当众评奖。

明奖的好处在于可树立榜样，激发大多数人的上进心。但它也有缺点，由于大家评奖，面子上过不去，于是最后不得不轮流得奖，使奖金也成了"大锅饭"。

同时，由于当众发奖容易使部分人产生嫉妒心理，为了平息嫉妒，得奖者就要按惯例请客，有时不但没有多得，反而倒贴，最后使奖金失去了吸引力。

外国企业大多实行暗奖，领导认为谁工作积极，就在工资袋里加钱或给"红包"，然后发一张纸说明奖励的理由。

暗奖对其他人不会产生刺激，但可以对受奖人产生刺激。没有受奖的人也不会嫉妒，因为谁也不知道谁得了奖励。

其实有时候领导在每个人的工资袋里都加了同样的钱，可是每个人都认为只有自己受到了特殊的奖励，结果下个月大家都很努力，都去争取下个月的奖金。

鉴于明奖和暗奖各有优劣，所以不宜偏执一方，应两者兼用，各取所长。

比较好的方法是大奖用明奖、小奖用暗奖。例如年终奖金、发明建议奖等可用明奖方式。因为这不易轮流得奖，而且发明建议有据可查，无法吃"大锅饭"。月奖、季奖等宜用暗奖，可以切切实实地发挥刺激作用，调动起员工工作的积极性，增加企业和领导的号召力。

奖励适度效果好

领导者可以通过制定目标，让下属知道领导的期望是什么、怎样才能获得奖赏，促进下属的工作愿望，激发他们的工作热情。

由于下属工作出色受到奖励，他们还能认识到整个组织的行为方针，认识到领导在时刻注意着他们的成绩，会有被承认的满足感和被重视的激励感，从而保持高昂的工作热情和责任心。

这种奖励体系对于维持整个组织系统的高水平运作是非常重要的。如果工资只和工作时间及生活费用的增长有关，和个人行为表现关系甚小，下属的经济动力就会减少，不求有功，但求无过。

许多奖励，如额外休假、发奖金、加薪、提升等，都会增加公司的开支负担。经费紧张时，可采取另外一些奖励方法，如表扬、加重其责任、当着别人的面给予肯定、增进领导和下属的关系等，这些也是很有效的刺激。运用这些方法能使职工期待领导的表扬或肯定，因而更加自觉努力地工作。

至于加重其责任，不仅仅意味着给他更多的工作，还要给他更多的决策权，对后果负更多的责任，减少监督以示信任。这也是一种奖励，它给予下属发展的机会和个人价值被承认的满足。下属越值得信任，你的监督就越少，管理工作就越轻松。

在许多企业中，领导对下属评价放松，几乎每个人都获得过不同程度的奖赏，优秀的工作人员则无法脱颖而出。过多过滥的奖赏实际上降低了应有的"含金量"，也失去了应有的意义。还有，表现出色的员工，如果没有获得一定的实际利益，奖赏也同样毫无意义，其工作热情就会消退。

领导必须区别每个员工的工作能力，给予不同的人以不同的评价和物质待遇。你可以要求下属们互相注意各自的表现，判断对各自获得的评价是否公正。

不公正的评价，不论是过高还是过低，都会打击下属的积极性，降低上司的信誉。作为上司，则必须保持自己的信誉，否则你的各种评价都会为下属们所不屑，你也就失去了影响他们的力量。

实行个人奖励制度

面对上万人的企业，老总肯定是分身无术，也不可能照我们所说的技巧与每个员工坦诚相见。最有效的办法是制定一个适用于全体员工的个人奖励制度，让所有员工以这个奖励制度为依据。

个人奖励制度是以人作为计算奖金单位的一种奖励计划，它使员工的收入与工作表现直接联系起来。老员工超额完成工作任务或超出预先制定的标准，便可以获得奖金或者额外的报酬。

个人奖励制度可以将产量多少，或工作时间的长短作为奖励的标准。按产量多少进行奖励的方式我们称为计件制，它又衍生出各种不同形式的计件法。把时间作为奖励尺度，我们称为计效制，它鼓励员工努力提高工作效率，减少完成工作所需的时间，节省人工和各种制造成本，并且根据员工不同的情况进行相应的奖励。

另外，奖励制度可以按照生产水平与工资的关系，分为定分与变分两种。

定分奖励制是指在超额劳动的分配过程中，企业与员工按某个确定的比例进行分配。比如，在计件制中，员工每做一件产品，会得到一定额的奖励。

变分奖励制是指在节余利益的分配方面，劳资双方的比例因为工作效率不同而有所差别。比如著名的"罗恩工作制"：在相同时间内，不同员工所做产品量不同。将奖金与工效进行挂钩是这种方法的核心。

个人奖励制度包括三种基本形式：计件制、计效制和佣金制三种。

用"金手铐"留人

第二次世界大战及战后的发展中，在新技术革新的影响下，杜邦公司更注重高级人才的使用，使之成为杜邦公司发展永不枯竭的源泉。目前，4000多位杰出的科学家，在特拉华州白兰地河畔的杜邦实验室进行着创造性的工作。杜邦的工程师和化学家是分成小组工作的，每一个人可以按照自己的兴趣和爱好确定研究方向，并参加相应的研究小组。用科学家自己的话说："在杜邦实验室很容易找到适合自己发展的方向。"这也许就是杜邦公司能够吸引人才的诀窍吧。

　　招来了人才，培养了人才，如何才能留住人才？这是许多企业面临的难题。杜邦公司采用分散股权的办法，使雇员效忠公司。他们不仅对公司的经理人员、中层管理人员分摊股票，而且允许并且鼓励普通雇员购买 10 股公司债券或股票；除利息和红利外，这些股票在五年内每年每股另加额外股息 3 美元，作为雇主对雇员的特别分配。持有股票的员工自然要比股票市场上的投机商更持久地关心杜邦未来的发展，因而他们对自己的工作也会更努力。

　　在杜邦的管理中，始终对员工灌输着这样的思想："拥有股票就是所有者，劳资天然是一家。"显然，这种做法的收益是双重的：一是用小额股票把雇员绑在了公司，乖乖地听任老板的摆布；二是由此公司聚集起了更多的资金。从此，受其影响，通过"股票所有权"员工就能掌握生产资料的思想遍及美国。事实上，20世纪 30 年代，有 50 万靠工资维持生活的家庭拥有股票，但他们持有股票的数量仅占已发行股票的 0.2%，单是一个杜邦家族拥有的股票数量，就相当于全部靠工资维生的家庭持有股票总数的 10 倍。

　　杜邦公司用此法有效地吸引了人才，留住了人才，让雇员认识到自己也是公司的主人，这样雇员怎能不全身心地投入杜邦的事业呢？又怎能不使杜邦成为人才荟萃的地方呢？这些都给了杜邦以丰厚的回报。

　　员工的流动常会造成企业的损失与分裂。处在现今这种竞争激烈的年代里，过高的员工流动率会消耗企业的资源，导致竞争力的削弱。

但员工流动率太低的公司也有问题。过低的流动率常常意味着组织中充满了无用之人；工资成本不能与各工作职务有效配合；并且各岗位的升迁缓慢。所以，过低的员工流动率常导致公司缺乏能力较强的管理骨干。

每一家公司上市，都会造就一批亿万富翁、一批千万百万富翁。这是因为：在高层职位的薪酬中，股票期权占比很大。

股票期权起源于美国，简单地说，股票期权是一种权利，让持有人在约定的期限内，以某一预先确定的价格认购一定数量的某公司股票。这个期限一般为三年至五年，如该公司的股票在期限内上升了，持有人可在他认为合适的价位上卖出股票，而赚取买进股票与卖出股票之间的差价。在企业未上市前，员工虽被分到一笔股票期权，但这笔期权暂时是没有多大的价值或涉及的企业成本很少。不过，公司一旦上市，许多员工都会因为这一笔股票期权，而可能一夜之间成为百万富翁，这就是股票期权可发挥激励作用的原因。

在上市公司的薪酬设计中，股票期权对于高级行政人才的薪酬，属于一种长期激励的制度。其主要目的是使股东与员工利益一致，以推动企业的业务更快地增长，取得更高的效益。为了保证公司的价值实现可持续增长，股东会利用股票期权中的长期潜在收益，作为激励管理层的一种工具，促使管理层的奋斗目标与股东的目标在最大限度上长期保持一致。而管理层的目标就是通过努力工作，使公司业务增长，继而股价增长，最终使自己在行使有关的股票期权时也可获得丰厚收益。管理层如果要行使有关股票期权而获得丰厚收益，必须符合一些条款，如工作满三年才可行使，否则失效等不同的条款，称为"金手铐"。

股票期权制度一方面可以降低企业的现金流出，使企业可以不用支付高昂的薪金，以降低成本；另一方面也有激励员工的作用，使他们愿意长期留在企业内一起努力，促进企业的成长。这个优点尤其显见于一家可能仍在投资期、正在亏损中，或者未上市，但具有相当发展潜力的科技型中小企业身上。不过如果到了后期有关企业的业务仍没有突破，员工预期上市遥遥无期、股票期权无法兑现的局面出现，或者即使上了市也表现差劲的话，持有股票期权的高层管理人或专才员工也会因不满企业，毫不留恋主雇关系或什么"金手铐"，纷纷离企业而去。

实行特人特薪

特人特薪制度是指企业为稳定和引进特殊人才，而采取的以能力评价和工作绩效考核为依据，参照劳动力市场价位，根据人才价值和市场供求关系决定工资水平和支付方式，本着学历高、技能高、能力强的人才工资相对高的原则确定薪酬，实行特殊薪酬的激励制度。

目前在我国国企里逐渐引入的"总裁年薪制"，也可以说是紧跟时代发展，而采取的"特人特薪"手段。

确定特殊薪酬待遇的主要依据，是国家劳动部门定期发布的劳动力市场价位信息。一般分为两种方式，一是在现行基本工资制度基础上，参照劳动力市场价位增发的特殊补贴。特殊补贴一般应参照同类人员劳动力市场价位，与本人现行全部工资收入的差额确定，并根据实际情况进行调整，主要适用于实行现行基本工资制度的特殊人才。二是不执行现行基本工资制度，由用人单位根据劳动力的市场价位信息和所聘岗位的有关要求，与特殊人才协商后，确定全部薪酬，主要适用于从企业外直接引进的特殊人才。特殊人才主要是在科技、经营、管理、生产等方面急需，且对增加企业经济效益具有突出作用的人员。一般包括对科技进步、科研开发做出突出贡献的课题带头人、与企业业务相关并已取得显著经济效益的专利发明人、在资本运营、对外合作、信息建设等方面起重要作用的关键人员、能成功运用营销策略，大幅度提高产品的市场占有率，创造显著经济效益者、有改革创新意识，在管理工作中解决了全局性重大难题的突出贡献者、对采用新工艺、新技术做出突出贡献，并取得显著经济效益者、身怀绝技、绝招，能解决关键技术难题的高级技术工人、从社会（含从境外）招聘的各类急需人才。

市场竞争，归根到底是人才的竞争。企业不但面临着国内同行业的竞争，而且面临着跨国公司的竞争和压力。跨国公司进入中国市场，不仅仅与国有企业争夺物质资源，而且还要争夺高素质的人力资源。国有企业要参与国际竞争，需要大批包括优秀管理经营人才、优秀专业技术人才、优秀科学研究人才、优秀技术工人在内的各种特殊人才作为资本和支撑。否则，国有企业将失去发展的源泉和动力。国有企业长期沿用的，对高质量人才支付低质量的价格，即所谓"价廉物美"的分配制度已失去生命力，因为它造成了"价廉物美"的人才流失。国有企业传统工资制度的基本特征是平均主义，不能发挥人才的特殊作用。这种分配制度容易导致高素质的人才留不住、低素质的人员流不出，企业竞争力下降。近年来，一些高学历优秀人才流向外企和国外的现象特别突出，如某石油企业一批高学历、高素质的优秀人才，纷纷辞掉工作或不辞而别，到外国石油公司或其在中国的办事机构谋职。如果这种情况伴随着中国入世和全球经济一体化进程的加快持续下去，人才的流失会像"雪崩"一样，成为危及国有企业生存与发展的严重问题。

新经济时代，知识、信息、技术、管理等生产要素的核心作用更加突出，新知识贡献已成为经济增长的主要动力。西方发达国家科学技术对经济的贡献率，已由20世纪初的20％左右上升到目前的60％—80％。因此，知识就是财富，是核心的资源。知识的价值在企业生产过程中发挥的作用越来越大。在企业生产经营过程中，人才效用有目共睹，人才优势与日俱增，许多高新技术企业就是通过对高素质人才的占有，才实现了高额的回报，保持了强大的竞争力。因此，人力资本已经成为比物质资本更重要的资源，知识占有程度应该成为决定收入分配水平的重要因素，按业绩付酬应作为企业薪酬制度改革的突破口。

改革开放以来，企业分配制度虽然在某些方面进行了以市场为导向的改革，但是从本质上讲，分配制度没有从根本上改变，以市场为导向的分配激励机制尚未建立，与市场劳动力价位相比，分配差距没有拉开，"大锅饭"仍未彻底打破，平均主义依然较为普遍。分配的保障作用过于突出，激励作用明显不足。该升的升不上去，该降的降不下来。该出的出不去，该进的进不来。缺少激励机制是造成特殊人才大量流失的主要原因。具有真才实学的优秀人才难以引进，较差人员难以离开企业。因此，按照建立现代企业工资分配制度的要求，根据人力资源管理的特点，参照劳动力市场价位建立新的薪酬制度，提高关键性管理、技术岗位和高素质短缺人才的薪酬待遇，已到了非实施不可的时候了。

特薪制度与传统的分配制度有着本质的区别，它是以职能和绩效为标准的价值评判和分配体系，必须遵循市场经济的基本规律和一般原则，同时还应坚持以下原则：

1. 坚持按劳分配与按生产要素分配相结合的原则

坚持按劳分配为主、多种分配方式并存的制度，按劳分配与按生产要素分配结合起来，坚持效率优先、兼顾公平的分配原则。按生产要素分配理论的提出，使收入决定机制和分配原则发生了根本性变化。实行特薪制，必须树立一种全新观念：一是在企业分配过程中，技术和管理可以按照投入的方式不同、风险和责任的大小、价值和贡献的高低，既获得相应的劳动收入，又可以根据企业的需要，以不同方式参与剩余利润的分配。二是企业以提高经济效益为目的，采取多种分配形式。如对企业经营者实行年薪制、配股分红或绩效薪资，对企业技术、管理人员等特殊人才实行"一流能力，一流业绩，一流报酬"的分配办法，实行按任务定酬、按业绩定酬。采用高薪聘用个别拔尖人才，允许技术、管理等生产要素参与分配。在科技创新成果的收益中，提取一定比例，用于奖励项目完成人员。总之，企业应在提高经济效益的前提下，根据实际情况，按照员工知识水平高低、能力的大小、贡献大小等因素决定薪酬，使人这个最活跃的生产要素真正活跃起来。

2. 坚持引入劳动力市场机制的原则

在社会主义市场经济条件下，劳动力价值决定于供求关系。劳动力市场自行决定各层次劳动力的均衡工资，再通过均衡工资率调节劳动力市场，从而引导企业人力资源的优化配置。企业在分配上，如果不引入市场劳动力价格机制，既背离市场经济的一般规律，又必然导致员工继续吃企业的大锅饭，从事简单劳动员工的收入超过社会劳动力市场价格，从事管理、技术等复杂劳动员工的收入低于社会劳动力市场价格。因此，特薪制必须引入市场劳动力价格机制。一方面，政府部门要建立规范的社会劳动力市场，定期公布各类劳动力的价格，逐步完善劳动力市场的职能。另一方面，当企业对市场上某种人才的需求量大大超过合适人才来源时，应确定高于市场劳动力价格的工资；反之，应确定相对低于市场劳动力价格的工资。对保持企业核心竞争力的关键人才，应确定大大高于市场劳动力价格的"保护工资"。只有这样，才能使企业员工收入的水平与劳动力市场相同层次的员工收入水平相适应，充分发挥工资的杠杆作用，留住关键人才，为企业发展增添活力。

3. 坚持按业绩取酬的原则

特薪制主要以知识水平、能力大小、工作绩效为依据进行分配。知识创造价值与劳动时间不是成正相关的，即时间长创造的价值不一定就高，也可能在较短时间内创造较多的价值，这说明计时工资制不再是工资分配的主要形式，其主要形式是按业绩取酬。注重以持续的贡献为依据，真正体现各尽其能，分配的结果应该是保持企业核心竞争力的高素质员工与其他人员有显著差别，而工作能力和业绩的差异是报酬差别的直接原因。

不要一切向"钱"看

或许有很多人看到这里，会情不自禁地说："哎，奖励不就是一个'钱'字吗？"但如果我们深一层地去透视这个问题，将不难发现，一旦人们的物质生活获得满足之后，花花绿绿的钞票对他们就不再具有那么大的吸引力。也许有人又会质疑："人的物欲难道也会有上限吗？就不能无止境地扩充？"这对某些人而言是挺真实的，但并不是每个人都这么贪得无厌，一切向"钱"看。

身为一个领导，你所肩负的职责相当繁重，不可能样样自己来，因此必须想办法给部属一些"甜头"来鼓舞士气。可是别忘了，每个人的需求各不相同，虽然他们都不可能反对你给他们加薪晋级，但那只是表面目的而已，内心里还有更深层的需求有待你去为他们填满。

怎样才算是正确合理的奖励呢？在为数不少的领导脑海里，并没有一个正确的答案。因而，在具体的操作中常常走入误区。

让我们先来看看下面这则寓言：

某个周末，一个渔夫在他的船边发现有条蛇咬住一只青蛙，他替青蛙感到难过，就过去轻轻地把青蛙从蛇嘴中拿出来，并将它放走。但他又替饥饿的蛇感到难过，由于没有食物，他取出一瓶威士忌酒，倒了几口在蛇的嘴里。蛇愉快地游走，青蛙也很愉快，而渔夫做了这样的好事更愉快。他认为一切都很妥当，但在几分钟后，他又听到有东西碰到船边的声音，便低头向下看，令人不敢相信的是，那条蛇又游回来了——嘴中叼着两只青蛙。

这则寓言带给我们两个重要的启示：

第一，你给予了许多的奖励，但你却没有得到你所希望、所要求、所需要或你所祈求的东西。

第二，你希望做好事情，很容易掉入不妥当的奖赏、忽略了或惩罚了正当活动的陷阱中。结果，我们希望甲得到奖赏，但事实上却奖励了乙，结果连你也不明白为什么会选上了乙。

身为领导的你，在实施奖励的时候，是否也犯过这位渔夫的错误？

第三章　制度管理，权责清晰

　　制度管理将一切合理的东西，用制度来规范和固定下来。在这个组织内，所有成员权责清晰、流程有序、配合紧密、有章可循，其结果会是 $1+1$ 远远大于 2。

一流公司靠制度管理

一提到制度，很多人第一反应就是将其和"限制""约束"之类的词汇联结在一起，似乎制度就是用来约束员工的。

诚然，表面上看，单个制度的目的都是约束。但是，制度的目的和制度管理的目的是两回事。制度管理的目的是：依靠制度提升组织效率。

举个例子：同样的人数、同样的装备、同样单兵能力组成的两支部队，一支是制度管理，一支是散兵游勇，他们对阵，前者的战斗力必然远远超过后者。

具体来说，人治有哪些弊端呢？

第一、人治带有明显的随意性，缺乏科学性，使员工难以适应。

第二、人治带有专制性，缺乏民主性，决策极易失误，人际关系也极易紧张。

第三、人治常常过不了人情关，奖亲罚疏、任人唯亲的事情一发生，领导就会逐渐失去威信和凝聚力。

第四、人治头疼医头脚疼医脚，昙花一现，治标不治本。

有鉴于此，一流的企业都重视制度管理，用制度将一切合理的东西固定下来，同时也将一切不合理的排除出去。

联想的柳传志曾这么说："20 年的中国企业剩下的已经不多了，被淘汰的要么是适应不了环境，要么是在管理方面出了问题。现在能找到的、说话有一席之地的，都是花了很大的力气，在研究真正的企业管理、企业运行规律的，我觉得这才是人间正道。"

远大集团的总裁张跃，对制度的推崇到了固执甚至偏执的地步。在远大，从生产到非生产，从大事到小事，每一项工作都精益求精、追求完美。比如接待外来参观人员，事先要根据对象制定专门的、唯一的接待程序。参观团什么时候到哪里参观，由谁领路，参观多长时间，每一个环节做出了计划，进行精心准备和安排。张跃说："我一直觉得一个企业最强的不是它的技术，制度才是决定你这个企业所有活动的基础。有没有完善的制度，对企业来说不是好和坏之分，而是成和败之分，要么成要么败！没有制度是一定要败的。"

制度要有稳定性与延续性

我们都知道，政府的法律法规一经制定，就不会轻易更改。因为法律法规是严肃的，需要一定的稳定性与延续性。

制度是企业内部法，也需要一定的稳定性与延续性。否则，朝令夕改，三天一小震，五天一大震，再强烈的信心也会全部震散，再优秀的团队也会茫然失措，再结实的建筑也会最终倒塌。

可是，管理者朝令夕改也是有苦衷的：

制度不合理，与原先的一些制度发生冲突，改！

制度不具备操作性，执行起来反而有损效率与公平，改！

制度有漏洞，改规定的没规定、不改规定的有规定，改！

……

要克服以上"苦衷"，需要从以下几点着手：

1. 循序渐进，步步为营

不能一听到制度管理好，就哗啦哗啦从电脑上下载一大批制度条文，修修改改就完事。在公司创业期，制度建设要循序渐进、步步为营，先从简单、易于执行的开始。随着企业的不断发展，公司制度再逐步完善。制度建设初期过于全面和细化，会出现很多不实用、不能用的制度，而员工则会被这纷繁的制度搞迷糊。

2. 实用至上，远离教条

以制度管理的目的为参照，判别单个制度优劣的最高准则是：是否有利于组织效率的提升。某一制度，除非它对员工行为的限制和约束有利于企业组织效率的提升，否则就没必要制定。企业组织绝不能为了限制而限制，而应该为了组织的高效（兼顾公平）而限制。

3. 听政于民，双向沟通

以想象代替现实，制定出来的制度会在现实中触礁。这就是为什么有些企业花了很长时间制定不少的制度，就是执行不下去。因为光有生硬的制度，却没有体现人性化和导向性。正确的做法是，在制定制度前期，多与员工进行交流，听取大家的意见与建议。

领导要带头遵守制度

有一句话是"善为人者能自为，善治人者能自治"。企业的规章制度能否深入人心，关键还在于领导是否有正确的自律意识。领导只有身体力行、以身作则，才能建立起人人遵守的规章制度。比如说要求员工遵守时间，领导首先要做出榜样；要求员工对自己的行为负责，领导也必须明白自己的职责，并对自己的行为负责。只有以身作则的领导，才能调动员工的自觉性，并影响他们朝着良性的方向发展。领导自己做不到的事，就不要要求员工去做；要求员工去掉坏毛病，就要首先自己去掉坏习惯。

领导应具有良好的自律性，成为员工的表率，最好能参照下面几点建议身体力行：

第一，乐于接受监督。日本"最佳"电器株式会社社长北田先生，为了培养自己员工的自我约束能力，他自己创立了一套"金鱼缸"式的管理方法。他认为，员工的眼睛是雪亮的，上司的一举一动，员工们都看在眼里，如果谁以权谋私，员工知道了就会瞧不起他。"金鱼缸"式管理就是明确提出要提高管理工作的透明度，管理的透明度大了，把每个员工置于众人监督之下，每个人自然就会加强自我约束。麦当劳公司曾一度出现严重亏损，公司总裁亲自到各分公司、各部门去检查工作，他发现各分公司、各部门的经理都习惯于坐在高靠背椅上指手画脚。于是他向所有的麦当劳快餐店发出指示，把所有经理坐的椅背锯掉，以此促使经理们经常深入现场去发现和解决问题，这种方法竟使麦当劳公司的经营状况获得了极大的改善。因为管理者与员工同乘着企业这一条船，只有平时同甘共苦，情况紧急时才会同舟共济。

第二，保持清廉俭朴。作为领导，应该清楚自己的节俭行为，具有很强的导向作用。领导的言行举止是员工关注的中心和模仿的样板。台湾塑胶集团董事长王永庆曾说过："勤俭是我们最大的优势，放荡无度是最大的错误。"他也是这样做的。一个装文件的信封可以使用 30 次以上，肥皂剩一小块，还要粘在整块肥皂上继续使用。王永庆说："虽是一分钱的东西，也要捡起来加以利用。这不是小气，而是一种精神，一种良好的习惯。"可见，若想成为一个卓越的领导应当率先从一点一滴的小事做起。

第三，对员工进行"观念教育"。"观念教育"也就是思想上的整顿，在一个朝气蓬勃、蒸蒸日上的企业里，必然会存在一种高尚又不脱离自己企业特色的经营观念。这是下至员工、上达高层管理者的工作动力的一部分。在一个企业里，如果一种观念老化了，就应该给员工灌输一种全新的观念。

贯彻"热炉法则"

有些企业，不是缺少制度，而是缺少执行。心血来潮时抓一下，杀一两个鸡子给猴看；意兴阑珊时抛在一边，睁一只眼闭一只眼。心花怒放时，看见有人违反制度，顶多讲一声，该罚的不罚；心烦意乱时，碰到有人犯错，动辄严肃查处，不该罚的

罚了······

久而久之，制度成为一纸空文。

在制度管理中，有一个"热炉法则"：当你触摸到一座烧热的火炉时，你会受到"烫"的处罚。这种处罚的特点是：

预警性：火炉是烧红了摆在那里，你知道，一碰就得挨烫；

即时性的：当你一碰到火炉时，就会被烫；

公平性的：火炉烫人不分贵贱亲疏，一律平等。

其实，早在两千多年前，西方统御学界的这一准则就已经被我国的先哲们发现了。战国时期法家人物韩非就说，领导者必须一丝不苟地实行惩罚，该惩一定惩，该罚一定罚，说到做到，绝不含糊。他有一句名言是："使吾法之无赦，犹入涧之必死。"如同掉进万丈深渊，必死无疑一样，触犯了组织制度，也一定会得到应有的惩罚。

明代的冯构龙也是"热炉法则"的鼓吹者，他在《智囊》中收集了许多类似的事例，其中司马穰苴斩庄贾的故事，比较典型。

齐景公在位时，晋国和燕国一同侵略齐国，齐景公大惊。危急时刻，宰相晏子举荐司马穰苴为大将军，统兵御敌。齐景公同意，请司马穰苴入朝，发给兵车五百乘。

司马穰苴提出要求："臣一向地位微贱，没有影响力，希望得到君王的一个宠臣做监军。"齐景公答应他的请求，派庄贾随军前往。庄贾问穰苴出征的日期，穰苴答道："明天就要发兵拒敌，明天中午在军门见面，请监军准时到达。"古代发兵作战，在军营竖两面旌旗作为门，这里的军门，也就是旗之下。

第二天上午，穰苴先骑马到军门，立木为表，以察日影，下漏水，以掌握时刻，一边观察时间，一边等待庄贾。而庄贾这个人，一向依恃齐景公的宠爱，骄横跋扈，他根本没把司马穰苴放在眼里，也没把军令当回事，差不多黄昏的时分，庄贾才赶到军门。

穰苴责问道："你为什么这么晚才到？"

庄贾满不在乎地说："亲戚朋友设宴送行，耽误了一会儿。"

穰苴大怒道："大将受命之日，便应该忘掉家；监军守约，就应忘记亲人；手持击鼓杖击鼓很急，就要忘记自身的安危。现在，强敌压境，国内骚动，士卒暴露于境，君主食不甘味、寝不安席。在此危难时刻，你还谈什么设宴送行！"说罢，便对军正问道："按照军法，迟到应该如何处置？"

军正答道："应该斩首。"

庄贾这才害怕了，忙派人向齐景公求救。穰苴还没等这人返回军中，便下令将庄贾就地斩首示众。

过了很久，齐景公的使者带着圣旨来赦免庄贾，可庄贾已经身首异处。

庄贾被斩，给全军将士以强烈的震动，立刻紧张行动起来，争先恐后，奋勇杀敌，结果大败敌军，收复失地。

稍加分析，就可发现，司马穰苴斩庄贾，正是贯彻了"热炉法则"：

预警性：惩办庄贾所依据的处罚条文是众所周知的，作为大臣的庄贾更应该清楚。

即时性：发现庄贾违反军令，立刻斩首，没有半点犹豫。

公平性：不论你庄贾如何被宠，在军法面前一视同仁，该杀照样杀。

"热炉法则"的功能，是使人们都不去触摸热炉。大家都按规章制度办事，组织获得生机和活力，穰苴出师大捷，便是明证。

赏罚的五个原则

当利益摆在眼前，而且切实可信地能够攫取的时候，人人都会争先恐后。反之，如果危害迫在眉睫，人人都会退避三舍。趋利避害，是最基本的人性。作为管理者，就要懂得利用这一点，用赏罚的工具增强团队的执行力。

奖励是为了让员工更积极，惩罚是为了让员工更合作。在运用赏罚这一管理工具时，有几条原则需要引起注意：

1. 一视同仁

公平公正是公司执行奖罚制度的第一条原则。大家一视同仁，不赏私劳，不罚私怨，不过宽，亦不可过严。

2019 年夏天，在沿海某中型公司中层干部会议上，谈到了公司老板的弟弟犯了一个错误，按例应该处以 1000 元的罚款。这时，老板的弟弟站起来，当众表态："我身为老总的弟弟，本应该成为大家的表率，这次犯了错误，我加倍认罚 2000 元。"

会议室顿时静悄悄的，看得出来大家都露出赞许的眼神。

没想到，这个"加倍认罚"的请求，非但没有获得老总的赞许，反而招致新的批评：

"你请求加倍处罚，违背了奖罚公平的原则。你之所以这么说，是因为在你的内心深处还是把自己置于特殊地位。这也说明你在工作当中，没有真正地以普通员工自居。你有这种思想，工作是做不好的。这个错误比你工作中的错误还要严重！"

一席话，让老板的弟弟惭愧不已。

案例中的老板，对于奖罚的一视同仁原则的理解可谓深刻。实际工作中，大多数管理者都能够接受这个原则，但是在具体工作中，却常常不知不觉地违背这一原则。这种违背，并非故意，而是由于对一视同仁的原则没理解透。

2. 规则明确

为什么授奖？为什么挨罚？一定要在明确的规则下进行。奖罚的规则尽可能形成明文的规章制度，以防止奖罚的随意性。随意奖罚，就可能使得奖罚产生不公平。随意奖罚，对下属行为导向的信号往往不明确。

某公司业务部徐经理在月底例会上宣布：奖励新进员工吴青青 1000 元，因为她态度积极、工作出色。平心而论，作为新进员工，吴青青的工作态度与业绩都比较优秀。加上当月部门业绩喜人，经理便在例会上动用经理基金对吴青青做了奖励。

可是会后不久，各种怨言与流言就开始在业务流传，甚至蔓延到了整个公司。有人抱怨：我刚进来时第一个月，业绩比吴青青还要好，怎么没有奖励？有人不平：态度积极？不过是在徐经理面前好表现而已，背着他比谁都懒！甚至还有流言：据说吴青青是徐经理的侄女。更离谱的是谣言：吴青青和徐经理之间有暧昧关系……

而吴青青呢，身不由己地被卷入这场莫名其妙的旋涡之中，不久就因压力太大而辞职。

一个随意的奖励，居然引发那么多的负面情绪与后果。同样，一个随意的惩罚也会污染团队的气氛。要杜绝这种恶果，需要将奖罚标准制度化、量化，摆在明处，让大家心服口服。

3. 双管齐下

有些公司领导本着"善心"，不太愿意用罚作为激励手段，而是偏重于奖励。殊不知奖励有时候并不一定管用。

曾经有一个国家的都城城门失火了，火势很大，有可能蔓延开来，国王很惊慌，于是传了旨意要求老百姓起来救火。他许诺凡是参加救火的百姓都赏金银布帛，并且免除徭役，但时逢深夜，没有谁愿意来救火。

一位智者建议说，如果奖励不起作用，那么就用罚吧。于是，国家的命令变成了，凡是不参加救火者，罚多少钱，服多少年徭役。命令一出，周围的百姓都跑来救火了。

赏罚是一个硬币的两面，离开任何一方，另一方都不能成立。只有赏，人们容易懈怠和投机；只有罚，人们容易消极或者反抗。形象一点说，理想的奖励制度应该像胖子张三减肥优化版：前有美女吸引，后有丑女追赶。双剑合璧，天下无敌！

4. 严守信用

说奖就奖，该罚必罚。"人不信不立"，但有些管理者特别是老板，或在兑现奖金时舍不得，或在行使处罚时不忍心。

楚汉争霸时，投靠了刘邦的陈平对西楚霸王项羽的评价是项羽表面上很爱他的士兵，他的士兵生病他也会因此落泪，但当他要奖赏他的将士时却特别吝啬。

有座城池久攻不下，项羽许诺谁攻下就将城池赏赐给谁。一位赵姓将军受此鼓舞，血战三个月终于破城。但项羽拿着掌管这座城池的大印，在手里拿着反复摩挲玩味，连大印的角都磨得发光了也不肯发下去。

下属得不到应该有的赏赐，就会觉得他并不是真的爱惜他的下属，连看见士兵生病而流泪的事也显得虚伪了。时间一长，英雄的"本色"会被下属看得很清楚，跟着他的人越来越少。

赏罚要严守信用。古代兵书《尉缭子》中说："赏如日月，信如四时。"如果有功而不赏，就会让下属寒心，失去前进的动力。反正做不做都一样，那还不如不做呢。

如果有了过错不处罚，那么你就失去了一次纠正下属的机会，很可能一个错误就如此顺理成章地保持下去了，今后再要纠正就比较困难了。所以，该罚的时候一定不能手软。

赏罚的五个细节

给现钱比转账（给消费卡）好。给你工资卡上转一万，相较于给你一沓看得见摸得着的钞票，后者更让人欣喜踏实。尽管金额是一样的，但人们对于数字与卡片的感觉，没有现钞那么强烈。

无选择比有选择好。千万不要问员工，给你们发2000元钱好还是去旅游好？因为他们选择之前会纠结，选择之后总有小小的遗憾。这反而增加了他们的烦恼，影响奖励的效果。

发奖金比涨工资好。刚开始涨工资时，人们觉得很开心。但时间长了适应了，开心程度就会恢复到涨工资前的水平。而每次发奖金都给了员工一种刺激，特别是不定期地发奖金，带来的幸福感受更频繁而持久……

多罚不如少罚。有些管理者把处罚当成企业敛财的手段，而不是为了改正员工的缺点，帮助员工纠正不良的工作习惯和作风。这是非常错误的处罚思想，只会把员工逼走，把管理者置于员工的对立面。处罚的目的是纠正员工的错误，让员工不断改正、不断进步，处罚是手段而不是目的。

小罚不如不罚。有则笑话：说的是一个人在公共场所吐了一口痰，被市政管理员发现，开了一张五元的罚款单给他。这个人拿出十元，可管理员找遍身上也没有五元零钱找。这人说："算了，别找了，我再吐一口痰不就行了吗?"于是又吐了一口痰，十元不用找了，两清。有些公司，迟到一次或违反什么条例罚款5元、10元的，这种罚款根本触不到违反者的痛点，起不到任何效果。行人闯红灯罚款10元，这个规章到2014年4月已经实施了一周年，遏制闯红灯的效果基本等于零。所以要么不罚，要罚就大罚，小罚还不如不罚。以迟到来说，平均月薪为3000元的公司，迟到一次，50元，第二次翻番，100元，第三次200元。第四次，对不起，事不过三，全勤奖取消。当然，这些措施都要以规章的制度进行细化、量化，并公之于众。

从小处着手

不管在企业或事业单位，规章制度都是管理中必不可少的一个重要方面。

身为管理者一定会有这样的体会：企业里制定的不少条条框框，在很多时候根本不管用。刚给员工发了一本关于守纪律的小册子，如果第二天再收上来，可能连一半都收不上来了，因为员工也许已随手把它扔掉，或者放在了他自己都忘记的地方。有些企业为此也使用了一些强制性措施，比如随机抽查来强制员工背纪律手册，一条一条地背。如果不幸被抽查到有某条或某几条答不上来，企业就实行扣分或罚款。有些企业还开展员工规章制度知识方面的知识竞赛，通过奖励的办法来调动员工们对规章制度的重视。

不管奖也好，罚也罢，活动开展得轰轰烈烈，可在实际工作中却收不到效果。不少管理者只能不住地叹息："哎，现在的年轻人太缺乏素质了。"

面对这种局面管理者该怎么办呢？从实际着手、从小处着手就是解决这个问题的最好的办法。

首先，从员工的生活抓起，发现小错误就说服他们、及时纠正他们，让员工从小事养成自觉遵守规章制度的习惯。例如，在员工的宿舍里，时时要求他们保持整洁，制定的标准要具体一些，检查时要严格一些。这些都是小事，员工都能很轻松地做到，如因违例批评他们时，他们自己也会无话可说。

从小事上着手规范管理，就是要培养员工服从管理的意识，养成遵守规章制度的习惯。

在员工中进行一次突然抽查时发现，能把工作制度说上三五条的人寥寥无几。看着员工工作起来敷衍搪塞的样子，管理者一遍一遍地给他们纠正，也不见有什么起色，没有大的进展。面对这种混乱的局面，管理者又该怎么办呢？

仍然是上面的办法，从小处入手培养他们好的意识。

木匠师傅，总是不厌其烦地交代学徒要保养好刨子、斧子、磨刀石等这一套工具，为什么呢？磨刀石的功用不只是能磨出锋利的刀刃，更重要的是它能磨炼出学徒的耐力和毅力。做事马虎的人，其磨刀石必然长满了红色的铁锈，反之，一位名匠的磨刀石，应该是光泽明亮的。

在企业里，员工对自己用具的整理工作又做到了多少呢？如果突然去采访一个大企业的工作场所，管理者就不难发现：

椅子或桌子上，文件放得乱七八糟，有些文件上面还带着模糊的脚印；

桌子、椅子、电脑上，满是灰尘；

椅套很久没洗了，不过比工作服还干净一点；

下班后电灯一直开着，没有人动手关掉；

尚可利用的铅笔，过早地被扔进了废纸篓里。

员工的这些表现，不仅表现了他们对企业办公设备的不珍惜，同时也间接说明了他们工作态度的不认真。从这些小地方可以直接看出一个人的内心与修养。作为管理者只要懂得从这些小地方入手，就可以很好培养员工的修养。

从细小之处重视员工良好工作习惯的培养，这是贯彻规章制度的必经之路，也是更进一步地管理好员工的关键。

要一碗水端平

管理者与员工之间是一种相互依赖、相互制约的关系。这种关系处于良好的状态时，管理者与员工的需要就得到了满足。

这就是人们所讲的"太阳系式"的管理，它和"金字塔式"的管理截然不同。前者是相互吸引、共同存在的关系；后者是一级压一级的关系，是趋于淘汰的管理方式，不是以人为本的管理。一般来说，管理者希望员工对本职工作尽职尽责、勤奋努力，圆满地、创造性地完成任务。而员工则希望管理者在工作上能够重用自己，取得成就时能够认可自己，在待遇上合理分配，在生活上给予关心。

对员工伤害最大的往往是，当员工工作取得成绩时受表扬的是上司；而当上司工作发生失误时，挨批评的却是员工，这就造成员工的心理失衡。因此，管理者要善于发现和研究哪些是员工关注的中心问题，并抓住这些中心问题，最大限度地满足员工最迫切的需要，从而调动员工的积极性。

管理者在与员工关系的处理上，要一视同仁、同等对待，不能因外界或个人情绪的影响，表现得时冷时热。

当然，有些管理者本意并无厚此薄彼之意，但在实际工作中，难免愿意接触与自己爱好相似、脾气相近的员工，无形中冷落了另一部分员工。因此，管理者要适当地调整情绪，增加与自己性格爱好不同的员工的交往，尤其对那些曾反对过自己，且已被事实证明反对错了的员工，更需要经常交流感情，防止造成不必要的误会与隔阂。

有些管理者对那些工作能力强、使用起来得心应手的员工，亲密度能够一如既往。而对工作能力较弱或话不投机的员工，亲密度不能持久，甚至冷眼相看，这样管理者与员工的关系就会逐渐疏远。

有一种倾向应该注意，有些管理者把同员工建立亲密无间的感情和迁就照顾错误地等同起来。对员工的一些不合理，甚至无理要求也一味迁就，以感情代替原则，把同事间纯洁的工作感情庸俗化。这样从长远和实质上看，是把员工引入了一个误区。

而且，用放弃原则来维持同员工的感情，虽然一时起点作用，但时间一长，害的不只是员工，管理者自己也会受伤害。

管理者在交往中要廉洁奉公，要善于摆脱"馈赠"的绳索。无功受禄，往往容易上当，掉进别人设下的圈套，因此会授人以柄。

领导者帮助了别人，也不要以功臣自居，否则施恩图报，投桃报李，你来我往，自然被"裙带"关系缠住，也会受制于人。

馈赠是一种加强联系的方式，但在正常的人际交往中往往诱使管理者误入歧途。有些馈赠的背后隐藏着某种企图，特别是在有利害冲突的交往中，随便接受馈赠，等于让人抓住了把柄，让别人牵着鼻子走。

管理者在交往中，要注意自己身边员工的状况，从实际情况来看，管理者的行为在很大程度上受制于其亲近的人，这些人在管理活动中，既有积极作用又有消极作用。平时，管理者在一些事情上是依靠他们实现管理的，而他们又转靠"别人"的帮助，来完成管理者的委托，于是就出现了"逆向"的情况。管理者周围的人可直接影响管理行为，而"别人"又可左右这些人的行为，时间一长便形成了一条"熟人链"。

显然，这些人不仅向管理者表达自身的需要，而且还时常要为"别人"办事，这也增加了制约管理者的因素。

管理者应该注意身边人的制约，不仅要调整好与他们的关系，而且要注意经常改变他们的人员结构，提高他们的素质，避免给自己的工作增加阻力和困难。

能人与制度谁重要

20世纪70年代，日本伊藤洋货行的董事长伊藤雅俊突然解雇了曾经战功赫赫的岸信一雄，在日本商界引起了一次很大的震动，就连舆论界都用轻蔑尖刻的口吻批评伊藤。

人们都为岸信一雄打抱不平，指责伊藤过河拆桥，看到岸信一雄已没有利用价值便解雇了他。在舆论的猛烈攻击下，伊藤雅俊却反驳道："纪律和秩序是企业的生命，不守纪律的人一定要处以重罚，即使会因此而影响战斗力也在所不惜。"

事情到底是怎样的呢？

　　洋货行经理岸信一雄是由"东食公司"跳槽到伊藤洋货行的。伊藤洋货行是以衣料买卖起家的,它的食品部门比较弱,因此伊藤从"东食公司"挖来了岸信一雄。"东食"是三井企业的食品公司,在食品业经营行业里数龙头老大。有能力、有干劲的岸信一雄来到伊藤洋货行,无疑是为伊藤洋货行注入一剂强心剂。

　　事实上,岸信一雄的表现也相当好,十年间他将经营业绩提升数十倍,使得伊藤洋货行的食品部门呈现一片蓬勃的景象。

　　但从一开始,岸信一雄和伊藤雅俊之间的工作态度和对经营销售方面的观念即呈现极大的不同,时间越长裂痕越深。岸信一雄属于海派型,非常重视对外开拓,经常超支交际费用,对下属员工也放任自流,这和伊藤的管理方式完全不同。

　　伊藤是走传统、保守的路线,一切以顾客为主,不注重与批发商、零售商们的交际、应酬,对员工的要求也十分严格,要求以严密的组织作为经营的基础。岸信一雄的做法让伊藤无法接受,伊藤因此要求他改善工作态度,按照伊藤洋货行的经营方法去做。

　　但是岸信一雄根本不加以理会,依然按照自己的做法去做,而且业绩依然达到计划以上,甚至有飞跃性的增加。因此,自信的岸信一雄就更不肯改正自己的做法了。他说:"我们做的一切都这么好,证明这种经营方式没错,为什么要改?"

　　如此,意见分歧愈来愈大,终于到了不可收拾的地步,伊藤只好下定决心解雇岸信一雄。在伊藤眼里,这件事不只是人情的问题,也不是如舆论所说的是"过河拆桥",而是关系着整个企业的存亡问题。对于最重视规章制度的伊藤而言,食品部门的业绩固然持续上升,但他却无法容忍"治外法权"如此持续下去。因为，这样做只会毁掉过去辛辛苦苦建立的企业体制和组织基础。从这一角度来看这件事，伊藤的做法是正确的，规章制度的确是不容忽视的。

要激发员工的士气，除了鼓励之外，没有什么比规章制度更为重要的了。规章制度能够对人产生重要的约束力，也是团队的精神连接纽带。

古代统帅带兵打仗，从来都以军纪为约束军队、提高战斗力的关键。统帅向来以严明的军纪来约束士兵，主张军队之中爱兵之道以严厉为主，如果过于宽厚，那么军心就会松弛而浮躁，因此绝不可因人才难得而迁就他们。舍军令而迁就人才，好像舍本逐末，最终也将得不到人才。

过去有许多著名将领十分看重军队的士气，清代曾国藩就是其中之一，他最不喜欢那些仗剑走江湖的大侠，而更看重军队中铁的纪律。在祁门时，曾有一人前来投奔，自称皖省名侠许荫秋。他武艺一流，但曾国藩考虑到军中纪律如铁，侠士则以散漫、游走为习，故不收留。幕僚问他原因何在。他说这种剑侠大多是无赖流氓，不受约束，邪多正少，不知遵守国家法度，虽武功高超，但留下来则会破坏军纪且会影响军中风气。曾国藩始终没有破坏自己的规矩，即使对爱将也是如此。

曾国藩初带兵时，李鸿章投到他门下做幕僚，李鸿章认为自己是进士身份，可以不参加早练，每日总是日上三竿才大梦方醒。一连三天曾国藩看在眼里，碍于情面暂不作声。第四天天还没亮，曾国藩就派人告诉李鸿章："曾大人说，每日晨练是统一军令，即使有病也得起来，大家等你去了以后再用餐。"

李鸿章这才感到紧张，赶紧披衣下床，跟跟跄跄地直奔餐厅，心中忐忑不安。曾国藩瞪了李鸿章一眼，端起碗吃饭，幕僚们才开始端起碗来。一言不发。吃完饭后，曾国藩放下碗筷，面对所有人一字一句地说："既到我这里来，就要遵守我的规矩。此处所崇尚的，是统一的军令，任何人也不得例外。"

说完甩手走出餐厅，这一句好像当头棒，李鸿章半天没转过弯来。

从那天起，李鸿章果然十分遵守军令，虚心学习周围的一切，改掉了骄横清高的文人习气。而良好的纪律和风气也使得湘军成为能征善战的劲旅，在国内影响越来越大。

可见，规章制度无论对企业还是对军队或其他组织，都是十分重要的，没有规矩，不成方圆。如果没有严格的规章制度约束，员工我行我素，那企业便犹如一盘散沙，毫无竞争力，也不会创造出更大的价值。

给不听话的员工一点颜色

不听话的员工一般都是那些资历深、自恃有一定专长，或自恃与公司大客户关系好的员工，管理或批评这样的员工，首先要弄清楚该员工对公司的重要性，他的专长是否难以替代？他与客户的关系有否涉及私下的利益？假如他真的暂时无可替代，公司没了他又会受到损失的话，不妨暂时容忍他。最好私下找机会和他谈谈，了解一下他不听话的原因。是否公司有什么不对？或是同事间有矛盾？了解到原因自然可以对症下药，公司也不想随便损失一名有用的员工。

当然，有的员工不听话，只不过是员工本身的骄傲自满作怪，满以为公司没他不行，所以气焰嚣张。如是这样，最好先物色适当的员工并安排下属逐步接替他的工作。不过这种措施在时机成熟前，最好别让他知道，可以鼓励他多休假，好趁机要他把工作交给别人。同时，又可以升职为借口，要他培养一些接班人。

另外，也可以在必要时用几个人分担他的工作。而客户方面，则要由高层方面着手，努力加强相互间的联系。其实在商言商，只要双方合作顺利，客户是不会轻易跟员工"跳槽"的，客户和某一员工关系好，只是想工作方便而已。

最后，如果你以为一切都已准备好，那么应该抓住时机立即把他解雇，尽量减少他对公司造成的影响，同时向其他员工解释解雇的原因。假如这个人一直恃功专横，员工也会庆幸公司能把他解雇，这对鼓舞士气也有帮助。

处罚过后的沟通疏导工作

企业员工犯下了不可原谅的错误，理应受到应得的处罚。也许他对自己所受到的处罚，思想一时转不过弯来，这就需要领导者私下里与他谈一谈，交换一下意见。

所谓交换意见，并不是领导者对受处罚的员工唠唠叨叨，一个劲儿地对他进行教育和说服，而是让对方参与到谈话中去，进行交流。否则，即使领导者说了大半天，如果没有说到点子上，也起不到实际作用，对方还会产生反感。

在谈话中，要引导下属逐渐步入正轨，认识到自己受处罚并非领导有意为难他。如果对方确有委屈或难言之隐，理应表示体谅，并说一些劝慰的话。

要让员工明白，处罚决定的做出，绝不是专门对人的，而是对事而言的，请他不要过于激动，以免引起误会。许多员工会认为，他们受到了处罚，那么他们的人格同时也就受到了侮辱。领导者需要通过交换思想让他们明白，所有的处罚都是为了团队的利益和发展，不是故意去伤害某个人的感情。

在肯定被处罚对象的工作成绩时，领导者要坦诚善意地指出对方违反了什么纪律，这会给团队工作造成什么样的不良影响，做到循循善诱，务必防止简单粗暴。

在谈话结束时，领导者不妨为受处罚对象寻找一个合适的客观原因和理由，让对方明白这次受处罚是一次失误，希望他下次能够避免这种失误，这样容易让对方下得了台阶。同时还要告诉对方，他的工作态度一直都是很好的，希望他以后在工作中为了团队的发展而继续努力。

在行使了处罚手段之后，再进行和风细雨的一次谈话，有劝说，有疏导，有安慰，有勉励，只有这样，才能让下属心服口服，在改正错误的同时，继续不遗余力地为团队效力。实际上，只有这样做了，才算得上是个真正的领导者。

坚决开除阻碍发展的员工

在团队发展中，开除或解聘职员是不可避免的事，也是领导在工作中较为难的事。

如果领导者决定解聘人，尽管有充分的理由，但是解聘将给对方带来巨大的影响，有时仍然会感到难以痛下决心。可这是必须做，而且还必须做好的事。效率低下的员工必须被开除，领导者的同情心只能表现在为他们积极寻找新的工作上。解聘之前，要先给予他们几次警告，让他们明确知道自己行为不合标准，须自觉地予以改正。对多次教育仍达不到要求者，则应在适当的时候，指明他的行为仍不合格，将面临被解聘的危险。

一旦真正被解聘，他们会有许多的牢骚、怨恨、困难诉说，此时不必给予任何回答或承诺，领导者在同情他们的处境之余，只能对他们说："为了企业的利益，我只能而且必须这么做。"

若想开除或解聘一个（批）员工，切不可在大会上当面宣布，这样无论是因为什么，被解聘的员工都会感到非常尴尬和不快。最好是在下班后将他单独留下，坐下来面对面谈这个问题。谈话的方式非常重要，不要硬邦邦地甩出一句："你被解雇了。"然后拿出一沓钱甩给他。即使对该员工仍旧不满也不该这样。你应该耐心地回顾一下他所犯的错误，当然也没必要都讲透。你可以这样说："企业对工作有一定的标准，我认为这些标准都是在公正合理的基础上建立的。请你想想，为什么你总达不到这些标准的要求？我知道你也并非不努力，但结果令我们大家都感到非常失望。我想这个工作不太适合你，你的才能或许在其他方面能发挥更好。从现在起我们决定停止你的职务，我对此深感抱歉，这是你的工资，包括解聘费。希望你能在新的工作单位干出一番新的成绩。"

这样，既达到了目的，又没有给对方造成太大的伤害，相信他不会记恨的。当对方在其他领域有所建树时，说不定还会心存感激。特别是解聘惹是生非的员工时，一定要注意策略，这种人最善于揭人伤疤，很有可能会激化矛盾，发生一些本不该发生的事。因此，尊重这种人的人格，不要揭他的"伤疤"。俗话说："忍一时风平浪静，退一步海阔天空。"解聘他便是硬手段，好言相劝就是软方法，软硬结合效果可能会更好。

正常解聘对别的员工也会多少有点影响。不管被解聘的人水平多低，他总会得到同事的同情，而领导者则被看作毫无情面的人。这很正常，解聘本来也有杀鸡儆猴的含义在内，他们一般也能够感觉到这层含义。另一方面，领导者言出必行、有始有终，才会让员工敬畏。

第四章　关怀员工，凝聚人心

　　板着脸孔的上级、冰冷刻板的规章、漠不关心的同事，麻木机械地上班、下班，工作效率与质量能好到哪里去？

　　美国前总统尼克松在《领导人》一书中写道："我所认识的所有伟大的领导人，在内心深处都有着丰富的感情。"

卡耐基的第一课

身为企业领导只会下命令是不够的，关心下属也是你的一门必修功课。下属的生活状况如何，直接影响到他的思想活动、精神状态及工作效率。一个高明的老板不仅善于使用下属，更要善于通过为下属排忧解难，来唤起他的内在工作热情——主动性、创造性，使其全身心投入工作。

美国钢铁大王卡耐基是世界上出了名的大老板，他的突出特点之一，就是他很善于做下属的思想工作。在他的回忆录中记载一件事：

一天，一个焦急的青年下属找到卡耐基，说他的妻子、女儿因家乡房屋拆迁而失去住所，想请假回家安排一下。因为当时人手较少，卡耐基不想马上准假，就以"个人的事再大也是小事，集体的事再小也是大事"这类大道理来进行开导，鼓励他安心工作。不想一下子气哭了这位青年下属，青年下属愤愤地顶撞说："这在你们眼里是小事，可在我眼里是天大的事。我老婆孩子连个住处都没有，我能安心工作吗？"

卡耐基在日记中写道："一番大实话深深震动了我。"卡耐基对"大事"和"小事"进行了很多辩证的思索后，立即去找那位青年下属，向他道歉又准了他的假，而且后来还为此事专程到他家里去慰问了一番。

这位后来的钢铁大王当时才 23 岁，他只是在替他父亲管理一些事务。在他回忆录上写的最后一句话是："这是别人给我在通向老板的道路上的第一课。"

关心下属，解决下属的后顾之忧，是调动下属积极性的重要方法。作为一个领导要善于摸情况，对于下属，尤其是生活较困难的下属的个人、家庭情况要心中有数，时时给他们以安慰、鼓励和帮助。特别是要把握几个重要时机。如下属出差了，你就要考虑是否要帮助安排好其家属子女的生活，必要的时候要指派专人负责联系。下属或其妻子生病了要及时探望，批假或适当减轻其工作负荷，不要认为这是小事情，他可以坚持工作，你就不管不问。下属的家庭遭受了不幸，要予以及时救济缓解其燃眉之急。如果你成为一个这样的企业老板或主管，不仅受关心者本人会感激不尽，生死效力，还会感染所有的人。在下属遭到大灾大难时，你不仅自己要关心施爱，而且还要发动集体的力量帮助他，解除他的后顾之忧。这样做有利于提高集体的凝聚力。

感情投资回报丰厚

人是有感情的动物，不能强求下属公私分明，一切私人感情均不带进办公室，更不要期望每一个下属都是硬汉或铁娘子，他们也都需要别人的关怀。

　　一位上司发觉他的秘书愁眉苦脸，要她倒杯奶茶，她却送来一杯咖啡，又将客户的名字忘了。上司问她是否身体不适，建议她回家休息，秘书道歉并称没事。这种情况持续了一星期，上司忍无可忍，轻责了她几句。不久，上司从她平日最要好的同事口中，得知原来秘书失恋，与相恋多年的男友分手了。

　　上司很同情她，但是他认为私人感情影响工作，仍是不能纵容的，他给秘书放一段假，并从职业介绍所雇来一位临时人员。不久后，那位秘书竟跳楼自杀了，这除了感情上失落的原因外，还由于她认为工作不如意。实际上，一个感情受打击的人很容易误解别人的意思，所以往往会出现"祸不单行"的情况，遇到一连串不如意的事。

　　当下属满怀心事时，未必是因为工作不如意或身体不适，有可能是被外在因素影响的。例如至亲的病故、家庭纠纷、经济陷于困境、爱情问题等，都会使一个人的情绪波动。作为上司，应予以体谅，并就下属某方面的良好表现加以赞赏，使他觉得自己的遭遇并非那么糟。

　　不过，有些下属非常情绪化，遇到很琐碎的事情都会显得不安。如果三天两日要安慰他，未免多此一举。最适当的做法是以长辈或过来人的身份，关心并开导他凡事别太执着，使其心情平静下来，重新投入到工作中。某些时候，感情投资甚至比金钱投资更有效。

增加好感赢得人心

增加好感可以赢得人心的道理人人都懂，但究竟如何通过具体的手段来增加员工的好感，却是一门微妙的艺术。

1. 增加休假日，可以取得年轻人的好感

一项调查证明，年轻人最希望就职的企业首先是能够充分运用自己的专业知识，也就是可以施展才华的企业。其次就是休假日多一些。对于休假日，年轻人普遍认为：星期六、星期日休息的双休日制度是首要条件，其次是法定节假日也不能少。

对此，很多"996"型高科技公司也许会感到为难，但是休假日普遍增加，已是不争的事实。日本产业界已进入了试行"周休三日制"阶段。

2. 既往不咎，可以获得旧敌的好感

东晋十六国时，后凉的吕纂发动了一次政变，战斗中差一点被齐从砍下脑袋。吕纂夺得政权后却对齐从非常信任。一次，吕纂开玩笑地问齐从："你砍我那一刀时，为什么那么凶狠？"齐从说："陛下虽说应天顺人，可我当时并没想到这一点。那时我只恐杀您不死，那一刀砍下去怎会不凶狠呢？"齐从没想到吕纂是应天顺人，当时只以为吕纂是大逆不道，杀大逆不道者又有什么错呢？按照这样一个逻辑推论，吕纂不计前嫌是有远见卓识的。

3. 鼓舞士气，可以获得下属的好感

作为主管，要能体现对下属真诚的善意与赞许，一般礼仪必然要讲究，但仅如此，还不能让下属感到满意。他们在组织内的活动须依赖上级的赞许。因此，要特别关注下属，经常与他们聊聊他们的家人，或下班后参与他们的一些活动，让他们知道上级十分关心他们，并非把他们看成企业机器里的小零件而已。

要鼓舞士气，还要力求公平。因为若想增进员工的合作精神，公平十分重要。偏心的上司很难赢得下属的合作。而善于鼓舞士气的领导，则往往能赢得下属的好感。

和员工同甘共苦

一个领导者，两个员工，再加一间小屋，几个人同心协力，白手起家，终于独占鳌头，成就自己的商业帝国，这样的例子在商业发展史上数不胜数，许多巨头由此而来。

他们的成功靠的是领导者与员工同甘共苦、患难与共。这样，大家心往一块想，力往一处使，有什么困难克服不了呢？

其实，与员工共患难并不是一件困难的事，因为在危难情况下，同舟共济、共渡难关往往是唯一选择。但困难的是危难之后，苦尽甘来时仍能与员工共享安乐。

春秋时期，晋文公重耳即位之前深得介子推的帮助。他即位之后，就论功行赏，功大的封邑，功小的晋爵，各得其所。介子

推不愿受封，重耳仍把绵上封为介子推的祭田。众臣于是更加竭力相报，终于帮助他成就霸业。

以史为鉴，我们可受到不少启发。作为一名领导者，身处逆境时，可与员工共渡难关；时来运转时，千万不可独自居功，尽享成果。唯有如此，才能赢得希望，得到员工爱戴，共创大业。

因此，作为一名领导者，对待员工要以义为重，能与员工同甘共苦。

哪个企业都有运气不佳之时，哪个领导者也都有身处逆境之日。这时，一个出色的领导者应做一个好的舵手，看准方向，动员所有员工共同努力，充满自信面对困难；千万别端着架子，指使别人上危船，身为领导者更要尽一份力，否则到船翻，领导者自己也要掉进海里。

当时来运转，春风得意后，领导者千万不能翻脸不认人，即所谓"过河拆桥、忘恩负义"。这样的领导者会为人所不齿，谁愿意自己拼命保全的竟是一个忘恩负义的小人？一旦领导者的魅力丧失殆尽，并且背上不义气的骂名，难兄难弟就不会再为他效力，欲来投奔的人也会望而却步。

这时，不妨慷慨解囊，让员工分享应得的成果，使其自身的满足感和成就感得以实现。切不可排斥有功的员工，落得骂名。

一个企业的发展壮大依靠领导者与员工共同努力、同舟共济。而患难与共之中形成的上、下级关系才是最牢固的关系。身为领导者，一定要做到与员工同甘共苦、安不忘危，只有这样才能使事业蒸蒸日上。

让他们觉得自己重要

要让一个人尊重他人，是一件很不容易的事。因为大多数人，认为自己比别人高明。解决这种症结的方法是要让他明白，你承认他在这个世界上的优势，并且是真诚地承认，这样就会有打开他心扉的可靠钥匙。

很多杰出的领导者主张尊重下属。在你的想象中，应该看到每个人都挂着一块大标语牌："让我感到自己很重要。"

作为企业的主管领导，想获得下属的尊重，想让下属认可你的领导才能，那么就得遵循一条准则，这条准则就是："尊重他人的优点。"假如重视这条准则，你就能有效避免陷进困难的境地。无数的事例证明，谁遵循这条准则，谁将有众多的朋友并始终感到幸福；谁违反这条准则，谁就会遭受挫折。

尊重他人还包括宽恕他人。作为企业的领导，应该虚怀若谷、海纳百川、尊重别人，最后才会获得别人的尊重。

我们不要老是去责怪别人，要试着努力去发现别人身上的优点。领导要试着了解下属为什么会这样做或那样做。这比批评更有益处，也更有意义；而这也孕育了同情、容忍以及仁慈。全然了解，就是全然宽恕。正如美国人詹森博士所说的："不到世界末日，上帝也不会审判别人。"

对于别人的优点，爱迪生的态度是："我遇到的每一个人都在某些方面超过了我。我努力在这方面向他学习。"

贯彻爱的精神

美国玫琳凯化妆品公司最重视的人，包括美容顾问、销售主任、员工以及顾客和向公司提供原料的厂商。该公司相信，关心人与公司必须赚钱，这二者并不矛盾。，总经理玫琳·凯·阿什说："不错，我们是把眼睛盯在赚钱上，但这并不是高于一切的欲望，在我看来，'P''L'的含义不仅仅是盈与亏，它还意味着人与爱。"

这种关心与爱，不单单是表现在对员工生活上、工作上、相互交往上，更表现在对员工错误的批评上。玫琳·凯·阿什说："我认为，经理批评人的做法并不妥当。但并不是说不应当提出批评，当员工的工作出现失误时，经理必须表明对某事不满意，但是批评的目的是指出错在哪里，而不是指出错者是谁。如果有人做错事时经理不表明自己的看法，那么，这个经理确实过于'厚道'了。不过，经理在提出批评时，一定要讲究策略，否则就有可能出现适得其反的结果。我认为，一个经理应当做到，当某人出错时，既能指出其错误，又不致挫伤其自尊心。每当有人走进我的办公室，我总是创造出一种易于交换意见的气氛。这一点很重要，我发现，只要我越过有形屏障——我的办公桌，那么，创造那种气氛就易如反掌。我的办公桌象征着权力，它向坐在一旁的来人表明，我是以同事而不是以老板的身份与来人交谈，因此，我们同坐在一张舒适的沙发上，在比较轻松的气氛中研究工作。"

"我有时还同来人握手拥抱！"在我看来，这是感情的自然流露。因此，我在这样做时感到轻松、自然。同来人握手拥抱，能使坚冰消融，能使对方无拘无束，你会发现同一种人打交道，握手是友好的方式；但同另一种人打交道，拍拍背会显得很亲热；同另一些人见面，只有热烈的拥抱才能表达你们亲密无间的情谊。我们都见到过大夫在病床边对病人表示关心，同病人握手的情景。同样，经理也应在沙发旁边对员工表示关心。因此，走上去同来人握手、拥抱吧——这是人才管理学问中的一个绝招。

在谈到与员工的关系时，玫琳·凯·阿什说：

"我认为，经理同自己的员工保持亲密的关系是正常的，相反，如果经理同自己的员工总是保持一种客客气气的关系，也就是说总是保持雇主与雇员的关系，则是反常的。我认为，这种气氛无助于最大程度地提高生产率。

"另外，经理还必须强硬和直言不讳。假如某人的工作不能令人满意，你绝不可绕开这个问题，而必须表达出自己的看法，不过你在这样做时要双管齐下——既要关心，又要严格。换句话说，我既必须起到经理的作用，又必须对那人表示同情。具体的界限是，既要十分热情，又不能损害自己的监督作用。你同雇员的关系如同大哥哥、大姐姐和小弟弟、小姐妹的关系，既要表示爱和同情，又要使自己在必要时能够采取严厉的行动，在我的许多雇员眼里，我的形象实际上是慈母。他们认为，我是十分关心他们的人，他们信任我，我多次听到我的雇员说：'玫琳·凯·阿什，我妈去世好几年了，我现在就把你当作妈妈吧……'每当我听到这种话，我感到无上光荣。"

员工也是你的上帝

"顾客就是上帝"的信条，迫使你无论是做决策，还是开发市场，都要紧紧地围绕着顾客来大做文章。有的企业领导甚至下了死命令"顾客永远是对的。"例如美国沃尔玛公司有两条规定更是人尽皆知："顾客永远是对的""如顾客恰好错了，请参照第一条！"更为体现沃尔玛的顾客关系哲学的是——顾客是员工的"老板"和"上司"。每一个初到沃尔玛的员工都被谆谆告诫：你不是在为主管或者经理工作，其实你和他们没有什么区别，你们只共同拥有一个"老板"——那就是顾客。

但是，沃尔玛公司在奉行"顾客是上帝"的同时，也维护员工的利益，尊重员工的人格。因为无论是顾客，还是员工，人格上都是平等的。比如，沃尔玛的主管在员工与顾客发生冲突时，不会当着顾客的面批评员工，而是在把顾客心平气和地送走以后，了解真实情况，准确判断是非。如冲突确实是员工的责任，当然要严肃处理；如责任确实不在员工，就要尽最大努力做好安抚工作，去看望一下员工，给予适当的经济补偿，等等，让员工感到在主管眼里自己与顾客是平等的，主管也是明辨是非的。这样员工有天大的委屈也会消失。

有些主管认识上有误区，以为企业的总体利益，需要员工做出牺牲。"顾客就是上帝"嘛！可是也不要疏忽了，员工也是企业的"上帝"。得罪了员工这个"上帝"，企业发展不好。你要想激励员工，要求员工忠诚于企业，你就要忠诚于员工，忠诚的道路是双向的。

与下属一同承担责任

当你的下属犯错，就等于是你的错，起码你是犯了监督不力或委托不当的错误，何况主管的义务之一，就是教导下属如何做事。

所以当下属闯祸时，请先冷静检讨一下自己，如果完全是因为下属自己的疏忽，可叫他到跟前来，诚恳地向他分析产生问题的原因，告诉他错在什么地方，最后重申你的宗旨——要每一个下属全力以赴地做事和冷静去处理事情，而你永远是他们的后盾。

要是下属犯错，你也有间接责任，就请你与下属单独会面时，将事情弄清楚，这不等于让你认错，而一起去研讨犯错的前因后果，并鼓励下属以后再遇到此类问题时，多多与你探讨。

无论是哪一种原因，切忌向下属大发雷霆，尤其是在大庭广众之下，你尊重对方，下属才会更内疚，更敢于正视问题，避免了日后跟你闹情绪。

还有，在上司面前，也不应只顾推卸责任，因为这只会令上司反感，你应该有领导者的风度——与下属一起承认过错。另一方面，即使有其他诸多是非，你仍应和下属站在一边，替他挡驾。不过，挡驾也不是不讲求原则。比如：

一位客户向你投诉，你的某下属非常无礼，又欠缺责任感，使他很不好受。你应该做的是，马上替下属道歉："对不起，他可能只是无心之失，平日他的表现不是这样的。保证以后不会有类似事情发生，请你多多包涵。"将客户的怒火化解了，事情却仍没有结束，你必须有所行动。然而，立刻找来下属责备一番，那是极不明智之举，应该先冷静地对事情进行了解。例如，下属平时待人是否也是一派傲气？处理问题时是否马马虎虎、随随便便？

如果答案是否定的，那么有两个可能性，一是客户咄咄逼人；二是下属偶然情绪欠佳，如果是这种情况不妨提醒一下，请注意情绪起伏，或者不了了之也没大问题。

相反，事情属实的话，即是说下属的确经常怠慢顾客，你必须找下属来认真地谈一下了。告诉他有客户投诉他的工作态度，而你已代为道歉，并予以训导，请他谨记工作第一、客户第一。

急下属之所急

员工的情绪随着工作或身体等状况，会经常发生变化。身为领导，只要能敏锐地掌握他们微妙的心理变化，适时地说出符合当时状态的话或采取行动，就能抓住他们的心。

例如，当下属情绪低落时，就是抓住下属的心的最佳时机。

1. 下属工作不顺心时

因工作失误，或工作无法按照计划进行而情绪低落时，就是抓住下属心的最佳时机。因为人在彷徨无助时，希望别人来安慰或鼓励的心情比平常更加强烈。

2. 人事变动时

因人事变动而调入本单位的人，通常都会交织着期待与不安的心情，应该帮助他早日去除这种不安。另外，由于工作岗位的变化而使人员结构改变时，下属之间的关系往往也会产生细微的变化，不要忽视了这种变化。

3. 下属生病时

每一个人不管平常身体多么强壮，当身体不适时，内心总是特别脆弱。

4. 为家人担心时

家中有人生病，或是为小孩的教育等问题所烦恼时，内心总是较为脆弱。应该学习政治家们把婚丧喜庆当作是与下属增进感情交流机会的智慧。

以上这些情形都会造成下属的情绪低落，所以适时地予以安慰、忠告、援助等，会比平常更容易抓住下属的心。因此，一方面，平时就要收集下属的个人资料，然后熟记于心。另一方面，领导者必须及早察觉下属心灵的状态。

不妨根据以下几个要点来察觉下属心灵的状态：

——脸色、眼睛的状态（闪烁着光辉、灼灼逼人的视线等）；

——说话的方式（声音、腔调是否有精神和速度等）；

——谈话的内容（话题的明快、推测或措辞）；

——身体的动作、举止行动是否活泼；

——姿势，走路的方式，整个身体给人的印象（神采奕奕或

无精打采)

要认真地综合分析这些现象，然后运用它来探索下属心灵的状态。今后应该更有意识地研究这些资料，以便能正确掌握下属个人的特征。甚至更进一步，在看到下属的瞬间，一眼就可看透对方当时身体的状况或心情如何，以及只从电话声音中，立刻就可掌握下属心灵的状态。

让制度活起来

很多时候，过于苛刻的制度令下属感到不安。有时，领导也一时无法改变现有的制度，但至少可以在你权限许可的范围内让制度活起来，以消除下属的不安。

严格地说，"安人"是管理的最终目的。

制度虽然很重要，但是制度以外的事项，影响也相当重大。例如制度不可能规定主管必须关怀下属，给予及时的辅导、认可并赞扬下属良好的绩效，等等，但是这些制度没有规定的事项，对下属往往具有很大的激励作用。

希望下属把工作做好，首先就要解决他的实际问题。下属的问题，来自他的欲望，而人的欲望是不断升级的，因此主管替下属解决问题，也是水涨船高，好像永远没有终了。安人是普遍性的，安人之外的具体要求，则属于特殊性的，可个别解决，这样才会产生不同的激励效果。

主管站在下属的立场来了解他的感受、要求以及苦恼，下属才能够接受主管的关心，并且给予相应的回馈。有些人一想到"将心比心"便认为"要求对方的想法和我一致"，或者"放弃我的观点以便接受对方的想法"。这两种观点都是不正确的。真正的"将心比心"是"和而不同"，了解他的感受，却未必要接受他的感受。同情不一定同意，使双方达到认识上的一致后，再着手影响他。

主管认同并赞扬下属良好的业绩，下属开始信赖主管，向主管伸出友谊之手，主管再给予适当的启发或指点，下属就会更进一步，贡献出自己的智慧。赞扬下属的业绩，不仅仅是赞扬他本人，这件好事值得赞扬，他就会继续去做，别人也会跟着做好事。

公正的晋升或调迁，是有效的激励措施。关键在大家的认知，究竟是否公正？所以主管的决定，是众人信服与否的焦点。大家认为公正，就会产生很大的激励作用；如果认为不公正，再怎么宣传和说明，也无济于事。

下属对工作或工作环境有所不满，或是升调不如意时，事前的沟通和说服显得非常重要。根据每个人的个性事先沟通，是尊重他的表现。

事先沟通无效，或者事情闹成僵局，如果还有时间，就不要忙着决定，可再进行沟通，如果是时间急迫，可以决定，但是事后仍要沟通，让他比较有面子，这样他才会逐渐平息下来。事先事后所花费的时间，看起来是一种浪费，实际上相当有助益，把它看成心理沟通和思想建设，便知道不可大意。

制度是死的，人是活的——记住这一点，对于你的领导工作很有帮助。美国国际农机商公司创始人、世界第一部收割机的发明者西洛斯·梅考克，人称企业界的全才，在他几十年的企业生涯中，历尽起落沧桑，但是他以他那超人的素质，屡屡赢得成功。

作为产权人公司的大老板，梅考克虽然掌握着公司的所有大权，有权左右员工的职场命运，但他却从不滥用职权。他能经常设身处地地为员工着想，在实际工作中，既坚持制度的严肃性，又不伤害员工的感情。

例如，有一次，一个老员工违反了工作制度，酗酒闹事，迟到早退。按照公司管理制度的相关条款，他应当受到开除的处分。管理人员做了这一决定，梅考克表示赞同。

决定一公布，这个老员工立刻火冒三丈，他委屈地对梅考克说："当年公司债务累累时，我与您共患难三个月不拿工资也毫无怨言，而今犯这点错误就把我开除，真是一点情分也不讲！"听完老员工的叙说，梅考克平静地说："你知道不知道这是公司，是个有规矩的地方……这不是你我两个人的私事，我只能按规定办事，不能有一点例外。"

梅考克事后了解到，由于这个老员工的妻子去世了，留下了两个孩子，一个跌断了一条腿，一个因吃不到妈妈的奶水而啼号，老员工是在极度痛苦中，借酒消愁，结果误了上班。他安慰老员工说："现在你什么都不要想，赶紧回家去，办好你老婆的后事，照顾好孩子们，从感情上我们仍是朋友。"

说完，梅考克从包里掏出一沓钞票塞到老员工手里，老员工被老板的慷慨解囊感动得流下了热泪，哽咽着说："想不到你对我会这样好。"梅考克却认为，比起当年风雨同舟时员工们对自己的帮助，这事儿不值一提。他嘱咐老员工："回去安心照顾家里，不必担心自己的工作。"

听了老板的话，老员工转悲为喜地说："你是想撤销开除我的命令吗？"

"你希望我这样做吗？"梅考克亲切地问。

"不，我不希望你为我破坏了公司的规矩。"

"对，这才是我的好朋友，你放心地回去吧，我会安排好的。"

事后梅考克安排这个老员工到他的一家牧场当管家。

西洛斯·梅考克处理工作从不感情用事。例如，有几个与他一起工作多年的员工，曾在公司遇到困难的时候背离了他，几年后，公司状况得到好转，这几个人又找上门来了。

对于这样的人任何人都是难以容忍的，即使在当时，梅考克也为此深感痛心，并气愤地说："我希望永远不再见到你们！"后来，公司兴旺发达，事业大振，梅考克早已把自己的誓言放在脑后，他欣然接受了这几名员工。这件事使这几名员工深受教育，从此以后，他们同西洛斯·梅考克同心协力，为国际农机商用公司的繁荣而尽心尽力。

感化下属的方法

如果你的下属对你的主动沟通有所疑虑，因而毫无反应，这时，你就必须努力去说服，使他打消疑虑。毕竟，领导和下属之间的坚冰并不是那么容易融化的。

说服是人与人沟通技巧中一种相当不可思议的工具。如果你希望能和下属相处融洽，并让他们为你效力尽忠，你除了要了解如何下达命令，陈述传达你的理念、目标和计划之外，还应该学会说服他人的基本策略和一些实用的技巧。

懂得如何说服下属，可以使彼此互相了解、亲近，也可以使彼此互助合作，凝聚出风雨同舟、众志成城的巨大力量，你如果能善加运用的话，一定会借此得到更健康和谐的团队伙伴关系。

以下是四个可供你运用的说服策略：

1. 投其所好

引出对方的兴趣是成功说服的第一个步骤。"真心诚意对对方和他们所讨论的主题有兴趣的人，才有资格称为优秀的领袖。"比尔·伯恩在其著作《富贵成习》一书中提出了上述见解。

在谈话之前，你必须通过调查来掌握对方的兴趣所在。每个人都有自己的兴趣、嗜好，若你起头的重点和对方的趣味相合，一定会越谈越投机，一拍即合。因为你的目的是要说服别人，用对方最感兴趣的措辞，提出自己的构想、建议，就比较有机会达到目的。

要成为有技巧的沟通者，还要做一件事，即运用你的肢体语言，让对方知道你对他和他所表达的事物兴趣十足。譬如：点头、向前倾身、面带微笑……都是很不错的方法。

2. 动之以情

情绪可左右人类的行为。在一本名为《如何鼓动人们为你效力》的书中，作者罗勃·康克林说得好：如果你希望某人为你做某些事，你就必须用感情，而不是智慧。用智慧可以刺激一个人的思想，而用感情却能刺激对方的行为。如果你想发挥自己的说服力，就必须好好处理个人的感情问题。康克林提出了"动之以情"的方法，他说："要温和、要有耐心、要有说服力、要有体贴的心。意思就是说，你必须设身处地，为人着想，揣测别人的感觉。"

请铭记在心：不要老是想到你的见解或观点有多么重要，要先设身处地想一想，如果别人要说服你时，你会重视他给你讲的什么内容；如果你知道了这些内容，你就知道如何着手对别人动之以情了。

3. 搔到痒处

说服别人并不是仅仅了解别人的感情而已，当你对他的"了解"还无法改变他的观念、调整他的态度，从而赢得他的合作和支持时，你必须更进一步搔到他的痒处。当你开始陈述、说明你的意见、想法时，就应该抓住与对方切身利益有关的事物。你要说动他，直接以他关心的"利益"和他沟通，你要真正了解他需要什么，他如果有困扰的事情，也要让他知道你将如何有诚意帮他解决问题。

说服别人应该是千方百计帮助他们得其所欲。你的说服策略应是如何发掘、刺激并引爆他渴望追求的事物。至于如何探知对方的欲望，进而刺激其欲望呢"？询问是最简单的方法。当你了解他关心的事物之后，再想办法满足他。

4. 要有实证

你可以在说服时运用一些视觉器材，如投影机、幻灯片、影片、挂图、模型、样品等道具，来强化你要说明的内容。但是，比较高明的领导人都擅长用官方的统计资料、专家的研究报告、实例等"具体的证据"来证实所言不虚。

一个证据胜过千言万语。别人之所以不受你的影响，缺乏"证据"是最常见的也是最主要的原因之一。在说服别人之前，不妨先准备好各种适当的证据，在陈述解说过程里，让证据替你说话，必会收到事半功倍的沟通效果。

只有说服下属，下属才能完全抛开思想负担，和你轻松地对话、沟通，否则，你和下属之间始终存在着隔膜，你们的沟通就是不顺畅、完整的。

抓住员工太太的心

日本麦当劳为了鼓励员工，想到了一个很得人心的点子——抓住员工太太的心。在员工太太过生日的时候，麦当劳一定会在花店订一束鲜花，送给员工太太。

也许一束花并不贵，但却成了无价之宝。

日本麦当劳除了几个节日外，每五个月都要发一次奖金。这个奖金原则上并不发给员工本人，而交给其太太。员工们已经称这种奖金为"太太奖金"，因为钱直接打到太太的户头之上。

在送上奖金之际，公司一般都致函一封给这些太太："今天公司所以红火，都多托诸位太太的福气。虽然，在公司勤奋上班的是你们的先生，但他们不知有百分之几十是太太的助力。因此，现奉上的奖金乃诸位太太所有，不必交给你们的先生。"

正如《十五的月亮》中所唱的"军功章里有你的一半，也有我的一半"，天性温良恭俭的日本太太自然也有支持丈夫工作的功劳。

日本麦当劳每年还会在一流饭店开一次聚餐会，招待员工夫妇，在席上必然会向太太们拜托道：

"各位太太，你们的先生在公司里工作都很认真，我想拜托你们的只有一件事，那就是有关各位先生的健康管理问题。我有心培养各位的先生成为世界一流的商业人，可是对于他们的健康问题却无能为力。所以，这件事只有恳求你们多操心了。"

经此一说，各位太太没有不精神为之一振的，一致高声回答："没问题。"

日本麦当劳制造了如此温馨的节目，在抓住员工太太的心的同时，也抓住了员工们的心。

别把员工当机器

美国哈佛大学教授赖文生说：越是富于人情味的人聚集在一起，就越能做出超人的事情。忽视人性的人，只能使工作陷入僵局。

在领导者眼中，下属是人还是机器？这个问题直接关系到领导者采取哪一种管理方式，并能取得怎样的效果。对此，大多数领导者和主管的答案都倾向于前者，毕竟以人为本的理念已深入到这些企业管理者的心里了，但是也有一部分人例外。

有的主管认为下属像一部机器，开动它的时间应由自己做主，要它什么时候停就什么时候停，绝对没有一点商量的余地。有这种思想的主管不会得到下属的爱戴；另一方面，下属长期处于紧张状态，对于工作素质及效率都没有好处。

在一家跨国公司的员工办公室，气氛犹如冰冷安静的库房。一位在该处工作的年轻人称，公司规定员工在办公室时间不得交谈非公事的话，去洗手间必须到接待处取锁匙，茶水间外驻有一位员工，登记到该处喝水的人。

这使得本来言笑语欢的同事，一到办公时间，得立刻换上冰冷的面孔，整个人犹如被公司买下来似的，没有丝毫的私人尊严。值得注意的是，这间跨国公司的业绩并不见得突出，员工流动量也很大。大部分辞职的雇员都认为那间公司没有人情味，甚至干了10年以上的资深员工在离开公司时，也没有一点留恋。

那间公司最失败之处，就是忽略了人性的生理法则。人和机器的区别在于人有感情、自尊等精神因素，而机器则没有。所以，那些把下属当作机器一样管理、使用的领导已注定了会失败，只有以人为本才是最理想的管理方式。

将心比心，设身处地

美国前总统里根中年时，有一次患病去医院输液。一位年轻的小护士为他扎了两针都没有把针头扎进血管，他眼看着针眼处起了青包。正当他疼痛得想抱怨几句时，却看到那位小护士的额头上布满了密密的汗珠，那一刻他突然想到了自己的女儿。于是他安慰小护士说："不要紧，再来一次。"

第三针终于成功了，小护士长长地吐了一口气，她连声说："先生，真是对不起，我很感谢您让我扎了三次。我是来实习的，这是我第一次给病人扎针，实在是太紧张了，要不是有您的鼓励，我真是不敢再给您扎啦！"

里根告诉她说："我的小女儿立志要考医科大学，她也会有她的第一位患者，我非常希望我女儿的第一次扎针也能得到患者的宽容和鼓励。"

这里，里根在想抱怨小护士时，想到了自己将要读医科大学的小女儿，将心比心，他鼓励小护士不要紧张，从而使小护士能够成功地完成任务。

将心比心，是老百姓常说的一句善解人意的俗语。如果我们在生活中多一点将心比心的感悟，就会对他人多一点尊重、宽容和理解；会使人与人之间多一些谅解，少一些计较和猜疑。

作为领导，对待下属不能过分苛刻，不能鸡蛋里挑骨头般挑剔他们的工作。应该将心比心，多想一下他们的处境、他们的感觉。在生活、工作中，有许多角色在不停地转换，在工作中你是他人的领导，但在某些场合你也许又不如他，此时你可能是服务者，但彼时就可能是被服务者……

你希望别人怎样对待你自己，最好要先去那样对待别人。你想让下属都服从你的领导，就应该设身处地地想一想他们的苦衷。

真心地关怀才是上策

忙碌的公司常常是工作一份接一份地来。因此很多领导在交代下属工作时，只是指示了一个又一个要点之后就不闻不问了。

"希望你明天早上之前写好这份报告。"

"你那件案子和对方谈妥了吗？谈妥了的话就马上到市政府去申请核准。"

要注意，每个下属都不会闲着，都在工作着，而且他们有他们自己的计划、自己的进度表。如果你临时又下一道指示，他们当然只得重新调整自己的计划，重新删减或增添一些工作。这种爱插手的习惯偶尔为之尚好，如果是经常插上一手的话，下属们怎么可能好好发挥呢？

一个真正会替下属们着想的领导，不只是会下命令、下指示，他在布置下属工作时态度一定也很客气。

"真抱歉在你这么忙的时候还……"

"虽然你是第一次接这种工作（或者是做过好几次了）……"

分派下属工作时如果能够顺势加上一两句客气一点的话，下属们自然而然会做一点让步。与其用命令的语气，还不如用一两句体恤一点的话更能调动他们的工作积极性。

但如果你只是说话时比较客气，又随时要插手指挥下属做事，还是会有些问题产生的。而且如果你干涉的次数太多，你这些安抚的话早就被当成口头禅了。以后就没人会真心相信你了，搞不好大家还觉得不耐烦，心想着"又来了"呢！这样子的话，上下级之间就没有任何信赖关系可言了。

一个在业务非常繁忙的公司上班的领导，一定得花些时间做一份工作安排计划表。例如：

（1）排定每位职员每日、每周、每月的工作进度，然后再做综合的调整。

（2）主要业务的进度、个人业绩等，可用图表标示或用电脑管理，然后贴在墙上或布告栏等处供人家参考。

（3）主管必须随时到场检查加班的实际情形。

（4）视情况需要，检查、筹备、支援或对外订购、发包。如果进度仍然赶不上，可以考虑向上反映增加人手的问题。

（5）视下属能力、工作变化、环境改变等不同条件，定期（至少一年举办 2~3 次）检查工作量的分配问题。

许多有才干的领导都是这么做的。而如果你没做好自己分内的工作，一味只想用安抚的话支使下属，可能就会产生很多问题。

不管你口头上说得多么漂亮，还是没什么用的。认真做事，发自内心地关怀下属才是上策。

切勿冷淡对待新职员

新职员要适应环境，未必能在短时间内有所建树。领导应予以体谅，并帮助他尽快适应环境和新工作。

如果任他自行适应的话，可能使他产生被忽略的感觉，以为担当的是一些可有可无的职务，失去了进一步求知的欲望。因此，在录用了新职员后，首先强调要他尽快学习新知识，并指定某些职员作为其学习的对象。最重要的是，要负责指导新人。有些下属喜欢排斥新人，故意要新同事做些别人不愿意干的工作，从而打击他们的意志而令其思退。

领导应按时询问新下属的学习感受，如果看见他状态不佳，就应该心中有数，改由其他下属指导，或安排他做另外的工作。许多领导以为包庇旧下属是宽宏大量的风度，但此举反而会影响新职员适应和学习新知识。

当新职员接受了指导后，别忘及时加以赞扬，一句"悟性高"或"挺聪明"，已能令对方心花怒放，他会更专心地学习下去。

安排工龄短的雇员接受短期专业培训，有助于他们对该行业或本身的工作有更多的认识。下属接受过培训，必须给他们发挥的机会，除了使他们有练习实践的机会外，也不会浪费公司的资源。

任何员工均有资格接受短期培训。许多公司的领导挑选被认为有潜力的下属接受专业培训。然而，下属是否有潜力，很难从表面的认识中得知。一些表现不十分突出的人，其智慧可能仍在发掘中；相反，许多表现良好的人，其实将潜力已尽露，难有更佳的发挥。由于上面的原因，领导派遣员工接受专业培训，应公平地推荐所有员工。

作为领导，对新、老下属要一视同仁，不要一面冷、一面热、一面傲慢对待、一面谦虚为怀。

日本三洋机电公司在岐阜"蔷薇园工厂"建成以后，决定在新职工进厂的第一天举行一次隆重的迎新仪式。内容包括两大部分,一是新职工进厂欢迎大会,二是种植 3000 株蔷薇花苗。这天清早,公司负责人井植薰一早就赶到了工厂,检查了这两项活动的全部准备工作。然后,他让筹建工程的主要负责人员陪他一起查看新落成的单身宿舍。他发现,宿舍的建筑、室内装修和各种生活设施基本上都符合设计的要求。但是,当他进入职工浴室拧开水龙头时,发现因水管内壁生了锈,流出的水十分浑浊。他马上问负责宿舍施工的一个工程师怎么回事,工程师回答他说:"新装的水管,通水试验后又很少使用,是会生锈的。"井植薰立刻布置别的工作人员去打开浴室里所有的龙头,放掉浊水,自己则跑到水泵房去检查水泵的工作情况。这时,他又对身边的工程师说:"还有锅炉里的热水,可能也有铁锈,你马上让司炉工把水全部放掉,等水清了以后再重新烧!"

事实上,新盖浴室里的水有点发浊,并不是一件很大的事情。但是,怎样对待这件事却是一个重要的问题。等他们把水都放完后,井植薰对他们说:"今天是新职工入厂日,来的都是些年轻的孩子,而且大部分是姑娘。他们刚刚离开家庭,来到我们的工厂,心情一定非常复杂。我们做事就要站在他们的角度去考虑。如果进厂的第一天就遇上浑浊的洗澡水,那么,他们的内心就会留下一片难以抹去的阴影。所以,我不允许这种事情发生,更不允许你们对这件事采取无所谓的态度。"

井植薰的行动与语言,值得每一个企业的领导深思。

为要走的人开欢送会

企业领导强制留人，却不知道也许留得住下属的人，留不住下属的心。

有这样一个典型案例：北京某厂技术科负责人郭某设计的产品曾多次获奖，对厂里贡献很大，厂里奖励过郭某一套住房。后来，厂里怀疑郭某私自为外厂做事，便撤销其科长职务，调到与技术无关的岗位。郭某因为发挥不了特长，要求调到某三资企业，企业坚决不放，因为当时厂里经营十分困难，专家队伍不稳定，同意郭某调走将会使更多的技术人员外流。而郭本人去意已定，说什么也不在厂里干了。最后经劳动部门仲裁，郭某终于去了三资企业。

再如，某三资企业好不容易招聘到的几名德语翻译突然提出辞职，中方管理人员坚决不同意，因为合约未到期，放走几人会跟着走一大批。问题反映给外方总经理，总经理指示很简单："凡是要走的员工都应该同意他们走，强制留人，心情不舒畅，是做不好工作的。"他们临走时，总经理专门开个欢送会，送给每人1000元红包、一张名片，表示以后有困难可以直接找他，愿意回来也可以。一席话说得大家热泪盈眶，以后果然他们又回到这家企业，并且还推荐了几个人。犹如"塞翁失马"里的故事，不但失去的马回来了，还带来了更多的马！另外特别值得一提的是，本企业的人也从这个欢送会中体会到企业的温馨，增强了组织的凝聚力。

对于人才流动，首先要搞清人才流动的意义、作用和发展趋势，人才流动是人事制度改革中的新生事物，对我国企业中传统的"干部部门所有制""员工服务厂家终身制"是一个冲击、一场革命。人才合理流动有利于劳动力的最佳组合，充分发挥人才的潜力。

其次，对企业来讲，人才流动也是好事，企业可以到广阔的人才市场去挑选人才。然而，人才流动也会对企业产生较大的压力，要留住人才，企业就要有凝聚力，就要重视人才，关心爱护人才，为人才成长创造一个好环境。

第三，对于执意要走的员工还要搞清他调离的动机。是因为和领导者、同事关系不融洽，离家远，还是因为企业效益差？然后再说服下属留下工作。如果企业在用人、关心人等方面确有失误，可以坦率地承认错误并立即改正。如果做了很多工作对方仍然要走，明智而现实的做法是开绿灯放行，因为强扭的瓜不甜，留人留不住心，只能产生副作用。

强行留人，不但对下属不利，对自己也不利，实际上是一种愚蠢的双输行为。

第五章　合理用人，人尽其才

　　企业引来人才"金凤凰"不是为了好看，而是为了"下蛋"。因此，除了苦练内功之外，企业管理者还需要苦练外功。尺有所短，寸有所长；企业应学会将各式各样的员工合理地安排，从而创造更大的效益。

用人只用其所长

一个工程师在新产品的开发上也许会卓有成效，但让他当一名推销员就不适合；反之，一个成功的推销员在产品促销上可能会很有一套，但他对于如何开发新产品却会一筹莫展。有这样一个例子：一家大型化学公司花费重金雇用了一位著名的化学教授为其搞某一重要产品的开发，然而几年过去了，老板终于不得不痛心地承认，雇用这名教授是个天大的错误。原因是这位老教授在宁静的大学校园里搞理论研究可能很有成效，但置身于市场竞争极为激烈的应用研究中，则无法适应巨大的压力，所以无法推出适销对路的产品。聘请这样的人对公司无疑是一种损失。如果老板在决定雇用一个人之前，能详细地了解此人的专长，并确认这一专长确实是公司所需的话，这一用错人的悲剧就可能被避免了。

用人的智慧和艺术，有时尤其需要表现在对偏才的运用上。三国时期诸葛亮手下的人才主要来源于两个方面，一是早年跟随刘备走南闯北的旧部，如张飞、关羽等人；二是跟随刘备入川的荆楚人士，如庞统、蒋琬等。对于这两路人才，他都一视同仁，只要谁有真本事，符合贤才标准，都予以录用。在用人上，诸葛孔明从不求全责备，只要是某一方面有专长的人才，哪怕有一些缺点，该用时也要加以重用。他的手下有两个性情古怪的人，一个叫杨仪，一个叫魏延。杨仪足智多谋，会出点子；魏延勇猛无比，很会打仗，但他们也有太多的短处。就个性说，杨仪十分固执，魏延非常霸道。对于这样有明显缺点的人，诸葛亮还是大胆地使用，用其所长，避其所短。在用人上，他并不论资排辈，不论出身，只要有功绩、有本事，都予以提拔。

同样，刘邦也十分善用智才。他用智才能用其所长，有如把好钢用在刀刃上，适得其所，锋利无比。当年他能将骁勇善战的项羽打得一败涂地，全得力于他善用人之所长。

例如张良能"运筹帷幄之中，决胜千里之外"，是个出谋划策、当参谋做军师的优秀人才，刘邦就让他干出主意、想点子的差事；萧何"镇国家，抚百姓，给馈饷，不绝粮道"，是搞后勤、当管家的一把好手，刘邦就充分发挥他这方面的优势，让他理财，掌管内政事务；韩信"连百万之军，战必胜，攻必取"，刘邦就使他带兵驰骋疆场、冲锋陷阵……

这样，将这些各有所长、各有所用的人组合成一个集团，就如一把锋利无比的尖刀，可以直捣敌人要害之处。

充分发展有成就感者的才能

在企业里，往往遇到一些成就感很强的人，他们总是追求崇高、渴望成功，而且具备成功的各种素质。他们聪明能干、自信自强,具有不凡的创新意识和勇于创新的胆识,这种人不论做什么事,总是竭尽全力(当然首先要他们愿意),而且一般都能完成得非常出色。他们喜欢设定特殊的目标,同时也能圆满完成这些目标。时间的紧迫、外界的干扰、个人的挫折或情绪的变化,通常难以影响他们优异的表现。他们勇于接受挑战,越是没人能干、敢干的事,他们越是有干好的欲望。

拥有这类员工,可以说是公司的一大资产,好比你拥有一块玉石,想把它雕成一块玉器珍品,却又是一件困难的事一样,要管理好这类人,并能最大限度地发挥他们的能力,是一件极为不易的事。

正因为他们是一个特殊群体,和他们特殊才能相映衬的是他们的特殊心理、特殊处世方式以及特殊的个性。他们往往自以为是,相当自负,不会轻易改变自己的观点。他们从来不喜爱受人操纵和受人支配。对待领导,他们不喜欢那种指手画脚的命令,虽然他们本身更注重内容,办事也讲实效,但他们却很注重自己的形象,也要求别人尊重他们的形象。他们最在乎的是别人的认可,最希望得到的是领导的信任,而薪水高低有时他们却并不在意。

对于这些有卓越成就感的员工,管理者们容易犯一些错误,走进一些管理误区。有些领导怕出乱子,不会轻易放手让他们大刀阔斧地干一番。也有些领导好嫉妒,总感觉这些人是对自己的一种威胁,他们的能干能衬托出自己的无能,所以想方设法地压制他们,不轻易给他们机会。还有些领导有着强烈的支配欲,想方设法要表现自己的地位,软硬兼施地企图控制他们。

显然这些做法都不能使这类人充分发挥他们的聪明才智，结果很可能是他们离你而去。其实要驾驭一个人，最有效的办法就是设法让他知道，你很看重他，然后能满足他的需要的同时，又毫不留情而又妥当地指出他的不足，这时你就能处于一种积极主动的位置。

首先，可以试着给他们一些特别的指标，而且是尽量高一些的指标，这会让他们感到一种信任和挑战；然后限定日期，这是压力，以期充分发挥他们的才能；同时能给他们一些特殊的工作条件、特殊的权力，这是一种特别的重视，这就更能激发他们的斗志。在平时要给机会让他们发表自己的观点，给他们表现的机会。但要记住，要经常冷静地指出他们观点中的不足，虽然他们的观点中有很多是精辟的，但指出一点不足还是容易的，也是必要的，这样就能很好地驾驭他们。当然在工作中，不要忘了经常对他们的出色表现给以及时、诚恳的赞扬。

但如果单位的薪金制度不合理的话，也是个大问题，因为他们也希望得到相应的报酬，否则他们会感到这是一种不信任，似乎自己没有被认可。

较短量长，唯器是适

既然"材无大小，各有所宜"，那么，就应比较其长处短处，根据它的"大小"，取恰当之处加以利用。但是，在实际工作中，却并非如此，常有既知其"大小"，而又随意用者。因而造成"大

材小用""小材大用",甚至错用人才的情况。因此,任人必须按照"唯器是适"的原则,切忌发生下列情况:

1. 忌大材小用

《庄子·让王》中记载着这样一段话:"今且有人于此,以随侯之珠,弹千仞之雀,世必笑之。是何也?则其所用者重,而所要者轻也。"其意在讽刺那种得不偿失的做法。这种用"高射炮打蚊子"的做法,在任人中则称之为"大材小用",也即指把高素质人才安在很低的职位上。宋朝陆游《送辛幼安殿撰造朝》诗:"大材小用古所叹,管仲萧何实流亚。"《后汉书·边让传》也曾记述:"'函牛之鼎以烹鸡,多汁则淡而不可食,少汁则熬而不可熟。'此言大器之于小用,固有所不宜也。"可见,大材小用历来为任人者之大忌,之所以如此,是因为大材小用,不能使人尽其才、才尽其用。

造成大材小用的原因,非常复杂,但在一般情况下,有的是因为用人没掌握要领,正如王安石所说:"虽得天下之瑰材杰智,而用之不得其方。"所以造成大材小用。有的是出于嫉贤妒能,而有意识地大材小用,从而使人才有能力也无法展现。有的则是因为某些特定的环境和条件所造成的。例如,当兵少官多时,不得已而降级使用;事少人多时,不得已而"委屈"求职;贫困潦倒时,不得已而暂且栖身等。还有的是因为讲求论资排辈等陈规陋习所造成的。

忌"随珠弹雀"。首先,必须认识"随珠"之高昂价值,使其深感失之可惜,必然引起厚爱。其次,必须知其所用而用之。古人言:"屠龙之会,非日不伟。时无所用,莫若履稀。"最后,必须有石子泥丸加以配合，以作小用，否则雀飞可惜。明白了上述这个道理，则用人之理也自明了。

2. 忌小材大用

《荀子·荣辱》言："短绠不可以汲深井之泉。"就是说短绳打不出深井水，比喻能力小，难以担当大任，也称之为"小材大用"之说。

同大材小用一样，小材大用在现实生活中也较普遍，有的学业不深、经验不足，然而被任为领导；有的只知一岗一职，而不知数业数职，却被委为"全面负责"；有的文化不高，而又不勤奋自学，却被授予中高级职称；有的文字功底极差，却担当"秘书"，甚至"秘书长"之职；还有的甚至只认识几个英文字母，却被委为外文资料保管员。如此之事，不一而足。究其原因，一是"世无英雄，遂使竖子成名""矮子之中选将军"，择其高者而用，岂知"高"者不高，仍为小材大用。二是"狐朋狗友"，裙带之下皆为"人杰"，于是小材便为"大材"，"大材"理所当然大用，其实，仍为小材大用。三是醉眼蒙眬，视小为"大"，嘴馋心软，指庸为"贤"，受其贿，则许以诺，吃其请，则用其人，所以小材便得以大任。四是不识虚华，以为"满腹经纶"；或受"高论"蒙蔽，视之为"才华横溢"，加以"爱才之心，人皆有之"，便以偶得"瑰宝"，奉若神明，委以重任。殊不知是"绣花枕头，外表虽美，内里却是满腹草包"。

"短绠汲深"，小材大用，弊端很多。一是"蜘蛛举鼎"，小力撑重，虽竭尽全力，心力交瘁而徒劳无益，一无所获；二是"以管窥天，以蠡测海，以莛叩钟"，观察事物出入太大，处理事务失误多多,虽当大任,难成大事,即使是时间长远,在实践中学得一二,工作稍有进步,也是以国家与集体的重大损失为代价,即所谓付之以"巨大学费";三是"不才者进,则有才者之路塞"。"小材"挤了"大材"。"小材"占据高位,而"大材"就只有小用,甚至无所事事,如此而大小颠倒、上下紊乱,举事皆废。

因此,"人各有才,才各有大小。大者安其大而无忽于小,小者乐其小而无慕于大。是以各适其用而不表其长"。心理学上有这样一个概念,叫作"能力阈值",是指与某种工作性质相适应的智力发展水平。也就是说某一工作需要的智力发展水平是有一个值的,超过了则是"大材小用";不够则是"赶鸭子上架"。人事心理学认为,每一种工作也有一个能力阈值,即每一种工作都只需要恰如其分的某种智力水平。只有这样,才能使工作效率尽可能地提高,同时又可避免人才浪费和人格异常现象。而导致人格异常心理功效的主要心理因素,就在于智商过高的人从事一项比较简单的工作,从而对工作感到乏味,致使工作效率低下;反之,智力发展水平偏低或智力平庸的人,去从事比较复杂或比较精深的工作时,也常叹力不从心,从而产生焦虑心理和人格异常。因此,领导者并不一定要把智力最优秀的人全部投入某一项工作,也不需要让能力低下者去完成过重的工作,使其"短绠汲深",勉为其难,而应该是合理地确定每一种工作所需要的能力阈值,因事择人,选择与该工作相适应的人员。

3. 忌用材错位

有这样一首古诗:"骏马能历险,力田不如牛。坚车能负重,渡河不如舟。舍长以就短,智者难为谋。生材贵适用,慎勿多苛求。"可见，除大材小用、小材大用之外，还有一忌，即"用材错位"。

"用材错位"主要表现在两个方面：

第一，外行当作内行使用，即不论其能力水平高低、是否对口适用，就委以重任，使之担负重要的工作，结果业务一窍不通，技术更是没门。正如《孙子》所说："不知军之可以进，而谓之进；不知军之可以退，而谓之退""不知三军之事，而同（干涉）三军之政""不知三军之权，而同三军之任"，这样的军队若不被打败，那么世上就没有胜败可言了。有这样一则报道：一位毕业于清华大学机械制造专业的工程师，在设计方面颇有专长，二十多年来，工作干得非常出色，曾受到有关部门的多次表彰。正当他潜心致力于科研工作之时，他所在的工厂却要提升他当副厂长，主管厂里的后勤工作。这位工程师考虑到自己的实际情况，向厂长陈述了不去的理由。厂长却说："这是领导决定，不要不识抬举。"他只好苦在心中，硬着头皮上任了。试想，这样的工程技术人员，在其从未接触过后勤管理工作的情况下，担任副厂长领导工作，是不是"错位"？又何以能够胜任？

第二，"所学非所用，所任非所能。"世间的万事万物，都各有其用；人之才能，各有其适，如果"乱点鸳鸯谱"，必致"两败俱伤"。但实际上，任人随意，不考虑其长短处而用之多有发生。明人冯梦龙的《古今谈概》中记述这样一件事：吴郡人陆庐峰在京城一家商店里看到一方石砚，该砚上面有个豆粒大的凸面，中间黑如点漆，四周密密环绕着几千道淡黄色的晕纹，看起来像八哥鸟的眼睛。但因囊中羞涩，卖主索价又高，陆庐峰遗憾而拂袖而去。返回客店，陆庐峰终于咬牙跺脚，下决心取出一锭银子交给门生，嘱咐他速去买回那方石砚。门生捧着石砚归来，却不见其"眼"，陆庐峰认为门生买错了。不料门生回答："我嫌它有点凸起，便请石匠帮忙把那'眼'磨平了。"陆庐峰听罢，叫苦不迭。石砚贵在有"眼"，而外行却认为它多余，竟致磨平，一失千金，这实在是"任非所能"之害的典型案例呀。

用材错位的原因的确很多，有的因为领导者不善用人而又固执己见，硬要人们"姑舍汝所学而从我"，以至于学用错位；有的是因为领导者嫉贤妒能，排斥异己，故意使其"骏马力田""坚车渡河"，以示冷遇；还有的是因为知人不全，知事却又浅陋，加之组织能力又不行，而致用人混乱、处事不准，多使部属学用错位。

那么，如何才能避免用材错位呢？科学合理的做法就是"因人而使，各取所长"。春秋战国时《逸周书·官人解》所提出的用人细则——"九用"任才法颇有借鉴价值："平仁而有虑者使是治国家而长百姓，慈惠而有理者使是掌乡邑而治父子，直愍而忠正者使是在百官而察善否，顺直而察听者使是民之狱讼，出纳辞令，临事而洁正者使是守内藏而治壤地而长百工，接给而广中者使是治诸侯而待宾客，猛毅而度断者使是治军事而为边境。"这段话的意思是：公正、仁义、有智谋的人可当任国家官员和地方长官；仁慈、厚道且知事理者，可以担任基层领导；正直、忠诚、信用者，可作纪律检察官员；公正、求实，善于监察者，可做法官；凡事廉洁奉公者，可做财务官员；能谨慎鉴察并廉洁公正者，可做主管分配和赏赐的官员；善于谋划和经营事务者，可做农工、生产管理人员；善于交际并能广泛搞好关系的人，可做外交官员；

勇敢、刚毅，善于估计形势和果断决策者可做军事统帅。用人如果能做到这样精细，这样的因人器使，那么任用人才就没有错位可言。

物尽其用，人尽其才

孙中山先生在致李鸿章的信中曾说过："深唯欧洲高强之本，不尽在于船坚炮利、垒国兵强，而在于人能尽其才、地能尽其利、物能尽其用、货能畅其流。此事者，富强之大要，治国之本也。"并坚信"以中国之人民财力，而能步武泰西，参行新法，其不过二十年，必能驾欧洲而上之"。可见中山先生对人尽其才的强调和重视。

因人器使的目的正是在于人尽其才。所谓工作效率，首要因素在于"人尽其力"，如果"匏瓜满腰，系而不食"，即使"任人唯贤"，也是徒劳。如何做好人尽其力呢？必得做到如下三条：

第一，用人之长。孙中山先生曾说过，如果人们"所习非所用，所用非所长"，必然"智者无以称其职""巧者易以衍是非"，提出要跟欧美人学习，"无论做什么事，都要用专家，比如练习打仗要用军事家，开办工厂便要用工程师，对于政治也知道要用专家。""文学渊博者为士师，农学熟悉者为农长，工程练达者为监工，商情讲习者为商董。"只有这样，才能人尽其才，而"人既尽其才，则百事俱举；百事俱举矣，则富强不及谋也"。

但是，如果"地不同生"，而任之以一种，责其俱生不可得；

人不同能，而任之以一事，不可责偏成。责焉无已，智者有不能给；求焉无厌，天地有不能赡也。所以英明的人任用人，"谄谀不迩乎左右，阿党不治乎本朝；任人之长，不强其短，任人之工，不张其拙。此任人之大略也"。意思是说，地不相同，而种植同一植物，不可能都长得茂盛；能力不同的人，而让其做一样的事，职责无界，即使是智能之士也有不尽其才，不果之事。所以，任人必因人器用，用其所长，而不能强人所难，用其所拙。

第二，择人任势。即根据事业发展过程中的不同情况，择其能应变自如、临机解决问题的人而任之，也可叫"因势择人"。因为，有这样一类人，他们尽管没有六韬三略以治军、满腹经纶以治政，但才思敏捷，能言善辩，应变能力较强，往往能够取胜于困难之中。晏子使楚，巧答楚王，不辱使命，就是一个鲜明的例子。但是，如果不能因势而择人，那么不仅不能使其尽力胜任，甚至会招致失败。《三国演义》中记述，诸葛亮忽闻司马懿兵近街亭，急忙之中派马谡带兵前往，结果马谡不根据实际情况，面对强敌，错误决策，丢失重地街亭，使全军"陷于死地"，大败而回。可见马谡只知照搬兵书，而不能"临机应变"，此错虽在马谡，而诸葛亮也有临事错择其人之责。而实际上，马谡并不是无能之辈，在诸葛亮率军征南之初，马谡曾就开发西南提出过一整套极其正确的建议，尤其是他的"攻心为上，攻城为下；心战为上，兵战为下"的战略思想，在后来的南征中起过极其重要的作用。可见，马谡确有其长，只是诸葛亮未能因势择人，是所谓"智者千虑，必有一失"也。

当然，物尽其用、货畅其流、人尽其才也与其他各种因素有关，诸如是否任之以专、是否组织得当、是否管理得法等，但择其重要者则是上述两点。

避免用人"功能过剩"

能职匹配，一方面要考虑是否胜任其职，另一方面要防止"功能过剩"，即避免"大材小用"。因为，"大材小用"势必造成一个人能力的部分浪费；势必造成"高位"无人才可用和"低位"人才堆积的情况；势必挫伤"大材小用"人员的积极性，使其"骑马找马"，另图高就，难安其心。

那么，如何避免用人"功能过剩"呢？

第一，任人标准不可贪求太高。任人标准假如超过实际需要而定得太高，则必然使人望而止步，会使人们对职业估价太高，这固然对一部分进取心、事业心较强的人是一种"带挑战性"的有趣工作。但是，如果他们就职后，发现这项工作"轻而易举"，毫无进取可能，必然导致另图他就。比如，很多企业招聘时，一律列出了"本科毕业、英语六级以上"等条件，实际上，不过是招个秘书。当然，我们并不反对严格用人标准，只是提醒要考虑现有的客观条件和客观实际需要，否则必然会有违因事择人之初衷。

第二，任人标准不可过分武断，而应带有一定的灵活性。因为，过分武断，则会使人增加压迫感，尤其是一些对自己能力估计不足的性格内向者，更是望而却步。正确的做法是把任人标准据事之所需，分为必要条件和参考条件两种，必要条件就是从事某种工作不可缺少的必备条件；参考条件即是有之更好、无之也可的条件。在备选人员较多的条件下，必要条件则可高一些，反之，则可低一些。不过，也必须以"胜任工作"为原则。

第三，取消一切不必要的标准。添加不必要的条件和标准，在客观上缩小了备选人员范围，增加任人的难度，实为画蛇添足，多此一举。例如，要求一位市长精通农业耕作；要求一位经理熟悉文学创作；要求一位电工具有较强的口头表达能力。尽管要求市长精通耕作、经理熟悉文学创作、电工精于演讲其实也不是坏事，可是如果真的列上这一条，恐怕能胜任者也就减少了。

有人说，用人问题上，要想熟练地进行加法，同时必须精通乘法。借此强调知识面放宽对胜任工作的重要性。不可否认，放宽知识面对于工作确有一定的积极影响，可是，进行加法者，则未必一定要精通乘法，如果真的精通乘法，那最好的办法是将其从"加法"岗位调至"乘法"岗位，否则，会有"大材小用"之虞。

这样管理恃才傲物的员工

差不多每家企业里，都有一些狂妄自负、不把任何人放在眼里的人。这些人有一定的工作能力和经验，有一定的工作资历，甚至在小范围内具有一定的号召力和影响力。这些也许就是他们自傲的资本。因此，他们常常特立独行，爱表现自己；不拘小节，自由散漫，不遵守规章制度；经常公开顶撞领导等。因为他们认为上司不如自己，所以常常不服从指挥。这正是应了那句"能人毛病多"的老话。这样的人常常令其主管头疼。

怎样管理这些恃才傲物的"能人"，让他们认识到自身的缺陷和不足呢？

1. 没必要自卑

有些管理者在这些恃才傲物的人面前可能会感到有些自卑，因为自己确实在某些方面比不上他们。其实完全没有必要。自己身为管理者，需要的是综合的管理能力，在某一方面的专业能力上比不上下属也很正常。下属之所以恃才傲物是站在员工的角度考虑问题，他之所以还是下属，就是因为他还有所欠缺；或者是某些方面能力强，但综合能力不行。如果让他做领导，恐怕他就会感到自己能力有限，不会再恃才傲物了。

2. 给他挑战性的工作

也许下属爱自作主张，甚至故意拆台，认为上司限制了他的发展。如果是这种情况，就要给他挑战性的工作，让他的潜能最大限度发挥，让他的才华得到充分施展。这样他完成后工作会有满足感，也会因此感激上司。

3. 有意用短，挫其傲气

俗话说"金无足赤，人无完人"，恃才傲物者也并非万事皆通。因此，如果他们气焰太嚣张，目无领导，可以设法让他们认识自己的不足。比如，给他们安排一两件比较陌生、做起来比较吃力的工作，并且要求限时完成任务，因为他们常常是眼高手低，故即便完成也会感到很吃力，完不成则会看到自己的不足之处。这样也可以让他们有自知之明，恃才傲物的个性才会稍稍收敛一些。

4. 釜底抽薪

有些人之所以恃才傲物，是因为他们手中握有部分重要的资源，认为公司离开他们会蒙受损失。比如，业务部拥有许多客户资源的员工，如果公司不任用他们，客户开拓就会受影响。对于这些自认为拥有公司特有资源的人，可以将他们手头的资源架空或将其资源进行重新分配，釜底抽薪，使其担任虚职。这样也可以让他们目空一切的心理稍有收敛。

5. 用制度约束他们

因为这些人常常不拘小节，不服领导者，因此有必要用制度来约束他们，特别是在他们不以为意的方面用制度去管理他们。

6. 加强沟通

因为看不起领导，这些人通常很少和领导沟通。可是，作为他们的上司要注意和他们沟通，这样做一是为了保证工作效率，二是为了及时了解他们的动向，防止产生误会。比如，他们有时迟到也许并非故意不遵守规章制度，而是家中事务繁多或者身体健康问题等引起的。因此，要多与之进行思想交流，力求达成共识和引起共鸣，防止因互不了解而产生麻烦和损失。

7. 让团队成员比学赶帮、见贤思齐

这些恃才傲物的人往往控制不住自己的表现欲，过分张扬，他们不仅对上司如此，对同事也会如此，因此，往往容易招致其

他员工的嫉妒。如果领导偏爱他们，他们也可能受到大多数员工的攻击和孤立。但如果顺应其他成员的心理需求，这些能人又会离开团队，使部门的效利受损。如果领导有意为难他们、压制他们，他们更会走人。此时应该怎么办？

妥善的解决办法就是引导他们为人低调一些，少说多做。除此之外，还要善意地委婉地说服他们改正缺点。同时也要教导其他员工争做先进，让他们明白，企业是要效益的，要引导团队形成积极进取的健康氛围，涌现更多的能人。当然也不能为了迁就普通员工的心理而忽视恃才傲物的人，这样一来就得不偿失了。

8. 包容和宽容

无论如何，对待这些恃才傲物的人要包容和宽容、引导和疏导，而不能压制打击。作为领导者，能够接受恃才傲物的下属，本身就是一种胸怀、一种气度的表现。

一次，银行家巴恩对林肯说："如果您要组阁，千万不要将蔡思选入，他太自大，甚至认为比您还要伟大。"

林肯听后笑着问："哦，除了他以外，您还知道有谁认为他自己比我伟大得多？"

巴恩不明白地问："您为什么要这样问呢？"

林肯说："因为我想把他们全部选入我的内阁。"

看，林肯的胸襟有多博大。正是由于这种领导方式，林肯成了美国历史上最伟大的总统之一。

所以，管理人要与恃才傲物的下属和谐相处，那样，他们也会被你的大度所感动，会自愿帮助你。另外，为了自身的影响力和说服力，管理人要注意提高自己的专业素质和能力。业务水平提高了，工作就有主见，就能在下属心目中高高树立领导的形象，那些恃才傲物的下属也会为之信服。

轻松驾驭老资格下属

在任何企业中，都有一批老资格的员工，他们中有些人仗着在企业工作时间长，不把任何人放在眼中。

这种人在员工中可以称得上是意见领袖，因为他们具有一定的影响力，不论他们的行为对错，大部分员工都会唯他们的马首是瞻、不追随他们的甚至还会受到打击。

某公司是典型的欧洲矩阵式结构，由于承揽了海外业务，欲在当地设分部，派谁当分部管理人成了人力资源部门的头等大事。总经理考虑到年轻的小黄英语能力较强，可以直接与当地有关部门沟通，而老徐年龄已近五十，又不懂英语。而且海外施工需要很大的精力、体力，无论如何还是派一名年轻的管理人员更合适，于是就顺势提升他为管理人。这下，志在必得的老徐的工作行为与方式开始出现了一些变化。

他的态度明显变得非常骄横，他不仅粗暴地对待小黄，对基层员工的态度更为放肆，动辄大声呵斥下属。特别是对人力资源部门的人员，横竖看不惯。有一次，他在公司召开的管理人员大会上公开说："有些部门用人完全是凭主观印象，以后我们部门的事情不用其他部门插手，我们自己可以搞定。"这让在座的上司和其他部门的管理人员都非常气愤，小黄作为管理人也感到十分尴尬。可是，因为老徐是公司资格最老的一名员工，大家也没多做反驳。

老总见状提醒老徐注意一下说话方式，可是老徐索性破罐破摔，丝毫都不顾忌。这样一来，不少人都向小黄抱怨老徐的态度让他们极为难受。小黄也感到左右为难，老徐连公司总经理都不放在眼里，一个入职不到半年的小主管又能把他怎样。为此小黄陷入了困境。

那么，遇到这种情况，管理人应该如何驾驭"摆老资格"的下属呢？

1. 接近而非躲避

部门中有"摆老资格"的下属，应该说是一种很正常的现象。这些老资格下属一般架子大，什么人都不放在眼中。如果认为自己遭遇不公平待遇，脾气更大。因此，许多管理人都会惹不起躲得起，尽量回避他们。这样做是不对的，老资格下属之所以怨气冲天就是为了发泄。如果躲避他们，他们的疑心更大，以为你暗地里做什么了。因此，管理人必须以积极的态度，靠近那些爱"摆老资格"的下属，倾听他们的心声，尽量帮助他们解决一些问题。即便像升职这类问题自己无法解决，但是自己的关心问候也可以使他们失衡的心理得以平衡。

2. 大胆管理

老资格下属也是自己的下属，即便他们是自己的搭档和副手，也是要受正职领导的，因此，对于他们要大胆管理。如果不敢管理，其他员工会以为你欺软怕硬。因此，切不可因不愿管、不敢管、不会管等，而对其疏于管理。

当然，管理"摆老资格"的下属要讲究方式，以尊重和关心的方式表现出来，这样才不会引起他们的反感。

3. 显示出自己的威严

"摆老资格"的下属由于经历较丰富，对情况比较熟悉，因此常会有意给管理人出难题。即便他们无意中做错了事情，往往也会强词夺理，寻找种种理由为自己的过错辩解。

此时，管理人就要显示出自己的威严来。平时与他们要保持一定的距离，更不可轻易接受他们的馈赠。交办工作语调要严肃，批评他们要有理、有据、有力。只有让对方感到自己公事公办、一派威严，他们才能在行为上有所收敛。

4. 及时培养替补

那些下属之所以"摆老资格"，就是因为有些事情离了他们别人都干不了。对此，管理人必须及早培养一批上进心较强的业务骨干，以便在老资格的下属要挟自己时能及时替补。这样，一方面有利于提高本部门的工作水平，另一方面又能使"摆老资格"的下属"撂挑子"失去效用。同时也可以打击一下他们嚣张的气焰。

总之，作为一名管理人，既要有"将野马驯化成良驹"的管理艺术，又应该有容人之过的度量。对"摆老资格"的下属切不可记恨他们，当他们遇到困难时，应该及时伸手援助。当他们体会到管理人真诚的关心后，自然会有好的表现。管理好了他们，不仅教育了其本人，还会产生连带效应，教育引导其他下属。

正确看待爱拍马屁的员工

对于"拍马屁"一词，国人并不陌生。通常人们理解的"拍马屁"就是下属"讨好"、"谄媚"、"奉承"上司或者位高权重的人的意思。因此，人们对善于拍马屁的人通常都没有什么好感。

既然如此，为什么还有人乐此不疲呢？

据拍马屁者诉苦说，他们本不想拍，可是"批评上级，官帽不保；批评下级，选票减少"。不拍领导的马屁，惹领导不高兴，领导会对你心存芥蒂；得罪下级，投票时肯定要给你评不满意，进而影响自己的前途和升迁。因此，他们只能两面讨好。

这虽然是某些人的官场心得，可是在企业中，在管理人身边也会有一些喜爱拍马屁的人。尽管职场不是官场，尽管领导并不提倡他们这样做，但是他们就是善于此道，情有独钟。那么，管理人作为领导者，应当如何对待"拍马屁"和"讲好话"的部属呢？是横眉立对、怒斥他们的品行，还是不动声色地默许，私下里内心偷着乐呢？这就要分析拍马屁者的动机和原因，视不同场合、不同人品、交往深浅而定，不能一概而论。

如果两人私交甚好，下属在特定的场合，为了维护领导的面子则情有可原。

如果一向不怎么看好自己的部下突然十分热情，频繁地拍马屁，而且还升级了，就要小心了，也许他们是别有用心，想要达到什么目的。

在这种情况下，如果管理人像掉进了蜜罐子一般被捧得晕晕乎乎，就会让别有用心的人钻空子，从而破坏企业的某些规则。比如，在选举、任用、重要决策等重大问题上，由于"潜规则"的潜入，就会出现暗箱操作，破坏规则，损害公正性和严肃性。

有些时候，拍马屁的人不一定别有用心，他们只是把这看作和领导者对话的方式。因为每个人内心深处都渴望得到别人的肯定和尊重。可是，他们没有想到，如果做下属的只是赞美领导，也会引起其他人的反感。因此，要引导这样的下属赞美大多数人。比如，自觉地把过多送给领导的"赞美"话，转移到与同事的交往中，发现每一个人身上的闪光点，对同事取得的工作成绩，要不失时机地予以表扬；对他们的优点和个性，可以恰如其分地"拍一拍"。这样做，就会在"拍"上司与"拍"同事之间找到一种平衡，这样的"拍技"，一定也能让大家感到心里舒服，而不会认为其是一个只会讨好上级的"马屁精"。

总之，要让这些爱拍马屁的员工明白，所有人都有可赞美之处。只要真心赞叹，就不是拍马屁。当然，还是应该把精力和时间用在提高自己的能力上。毕竟，能力才是硬道理。

对业绩平平的员工打气不泄气

每个企业中都会有一些从来就不曾显山露水的业绩平平的员工。他们没有出众的业绩不是因为他们偷懒而是因为他们自身的能力较低，就像学校那些十分刻苦用功的学生一样，虽然勤勤恳恳、忠厚老实，可是始终成绩提不上去。

员工业绩平平影响的不仅是自己，也影响企业的发展。那么，管理人应该怎样帮助这些低绩效员工提升自己的能力和水平呢？

1. 给他们以信心

也许，这些业绩平平的人也有上进心，可是，在接二连三的打击后，别人对他们不再抱有希望，他们自己更不敢有所奢望了。此时，管理人对他们要不抛弃、不放弃，给他们以充足的信心。

有一个老汉有个女儿，长得不漂亮还很懒惰。眼看到了出嫁的年龄，还没有一个人来娶。当地有一种风俗：以求婚用牛的多少来判断姑娘的美丑，最贤惠漂亮的需要九头牛。可是，老汉面对这个不争气的女儿，标准降低了，哪怕别人给两牛头，他也答应。

可是，没想到，一天，一个外地的青年前来对老汉说："我愿意用九头牛娶你女儿。"老汉一听以为他外地人对女儿不了解，没有轻易答应。可是年轻人很认真，几天后就牵来了九头牛。

老汉喜出望外，就把女儿许配给了他。虽说女儿结婚了，可是老汉心中七上八下，既担心女儿被休，又担心女儿受气。老汉因为担心寝食难安，他决定去远嫁他乡的女儿家看个明白。当他到女婿家中时，没想到，女儿不仅会做美味佳肴，而且变成了知书达理、气质脱俗的女子。老汉十分惊讶，就偷偷地问女婿："你是怎么把她调教得这么有出息的?"女婿回答："我可没调教她，只是始终坚信你的女儿值九头牛的聘礼。她嫁过来后，也一直按照九头牛的标准来做妻子。"

原来如此，老汉想想以前自己对女儿消极的态度，十分后悔。

每个部门中都会有一些像老汉的女儿这样的员工，如果管理人对他们丧失了信心，会直接打击他们的进取心。因此，不可遗弃、冷落他们，而要适当地激励他们。这样也许会收到意想不到的效果。

2. 给员工平行换岗的机会

那些业绩平平的员工虽然在本岗位并不突出，可是在其他岗位也许就会表现优异。每个人的能力总是有限的，因此，可以根据他们的爱好和特长，给他们平行换岗的机会，让他们学习不同的知识，以更好地运用自身技能。平行换岗，也是帮助员工探索与发展自身能力的良好机会。

这对员工了解公司、了解他人是很有帮助的。员工到了不同的部门，由于没有条条框框限定，有时还会提出一些非常新鲜、视角独特的建议。也许在做好这些工作的同时，他们的自信心就树立起来了。其他人也会发现他们有价值的方面，重新看待他们。如此，他们不仅换了工作，也赢得了他人对自己的认可。

3. 搭建交流平台

越是业绩平平的员工，越需要学习他人的先进经验。因此，管理人要积极为他们搭建互相交流的平台。如果员工的经验、体会和想法能够互相交流与分享，对员工之间的发展与学习也是很有利的事情。现在有不少的公司在做"交流午餐""每周一聚"等，都是很有效的。

4. 整合技能

那些低绩效员工之所以业绩平平，是因为他们在某一方面和其他员工相比不占优势。可是，如果他们将所拥有的资源、技能进行整合呢？那样他们的综合能力增强，就会战胜某一方面能力单一的员工。

在每个员工的发展道路上，都会遵循这样的原则：有50％的发展来自他自身的工作；有40％来自他周围的同事、老板、客户等他接触的人的帮助；有10％来自他所参加的培训、研讨会掌握的知识与技能。因此，如果我们把这些"低潜质"员工每天掌握的资源进行整合，你会发现，即使是一个再不起眼的员工，也拥有一大笔资源财富。这些财富对他的发展有着不可估量的作用。

因此，管理人要学会对他们的能力和资源打包整合，变换一个角度任用他们、评价他们，这样做比单纯的管理手段和绩效考核方式，更能鼓舞他们的信心，帮助他们发展提升。

个性员工个性管理

不论部门大小，员工们都会各具个性、各具特色。特别是在这个提倡个性的时代，员工们的个性更是既缤纷绚丽又让人感到无可奈何。

比如，现在很多年轻的员工家境都比较富裕，他们追求时尚，男员工染黄头发是经常的事情；至于女员工，也许就会穿吊带装上班。如果批评他们，他们会认为领导是"老古董、跟不上时代"。

一般来说，个性员工是指企业内具有以下表现的员工：一是性格怪异、喜欢走极端；二是行为偏激，如着装、打扮过于另类；三是过于自我，我行我素，置企业规章制度于不顾；四是情绪忽冷忽热等。比如，有些员工性格冲动，为一点小事就和他人产生冲突；有个别员工因为对某些领导看不惯，就固执地我行我素，不合作、不愿意采纳他们的意见。也许不等老板炒他们，他们先"炒"老板等。

为此，管理人们感叹：员工越来越难管理了。特别是对于那些个性员工不知应该管还是不管、应该怎样管。因为很多个性员工都是有能力的员工，而企业又很需要他们的才能，所以，管理人对个性员工既"爱"又"恨"。

其实，管理人们大可不必为遭遇个性员工而烦恼。员工无论有何种个性，既然存在就有其合理性。而且，任何一名员工都有其个性，只不过作用不同、表现形式不同。如果我们换个角度重新来审视员工所表现出的个性就会发现，其实有些个性并不会破坏企业团队凝聚力。从某种意义上来说，正是因为这些员工千姿百态的个性存在，才使企业没变成死水一潭，更加具有创新性和活力。

这就需要对个性员工进行分析，根据他们个性的表现方式与影响，采取适宜的管理办法。

首先来分析员工出现个性表现的原因。一般来说，员工之所以要表现自己特立独行的个性一是因为个人习惯所致，比如，员工天生爱漂亮、打扮等；二是因为工作环境导致；三是员工对企业丧失了信心，觉得企业没有值得留恋的地方，于是在言行表现上就显得毫无顾忌。

如果是因为个人习惯所致的个性表现，这类个性就要根据企业经营类型进行管理，不能一概而论。比如广告公司、咨询策划公司等，对着装打扮的标新立异就不太苛求，反而认为是员工敢想、有创造力的表现。而在其他一些不是纯创意的公司中，管理者就会认为与公司的制度、文化相冲突，因此有必要对他们进行引导和约束。员工的个性也是有"弹性"的，如果没有约束员工可能就表现得散漫一点，如果有约束，员工可能就收敛一些。

如果是因为工作环境产生的个性表现，就比较容易"诊治"。比如，一些员工总是加班，身心疲惫，可是，领导又不理解他们。员工就会牢骚满腹，某些个性可能也会表现出来。此时，只要改变工作环境的某一项或某几项元素，就有可能使员工归于常态。比如，关心员工的个人生活，在工作的同时解决员工的后顾之忧等，提高员工的个人满意度。

如果是因为对企业失去信心所表现的毫无顾忌，这种情况就说明或者企业缺乏激励机制、缺乏凝聚力；或者企业前景黯淡。管理人不能简单地对之进行批评教育，要学会做个性员工的思想工作，帮助他们重拾信心。如果企业经营确实不佳，就放手让那些个性员工寻找更适合的位置。

另外，管理人要起带头示范作用，尤其在遵守企业规章制度等方面，必须率先垂范。如有些公司要求员工上班必须着职业装，但管理人却身着休闲装，这对员工就很难有说服力。因此，管理人平时要注意自己的言行，做企业内部"游戏规则"的遵守者，不能把自己等同于普通员工。

总之，管理人在管理员工时一定要明白，优秀的公司是培养员工的好学校，因此要保持一定的耐心去实施"改造计划"，帮助他们改造自身的不良习性，而不是简单粗暴地对待。另外，更要注意根据每个员工的特点，采取机动灵活的方式，激发其潜能，这样做才符合以人为本的管理思想。

用人才要讲究时机

墨子有一句很深刻的话："良弓难张，然可以及高入深；良马难乘，然可以任重致远；良才难令，然可以致君见尊。"这句话的意思是，好弓虽然很难拉开，但用它射出的箭却可以既射得高远又进得深；好马虽然难以驾驭，但却可以驮重物又走得很远；优秀人才是难得驯顺的，但却可以帮助成就大业。在一些人的眼里，年轻人办事不牢，个性强的人容易捅娄子，这两种人总是很难进入班子的。年轻人即使进班子也是往后排，个性比较强的"野马"进班子就更难，熬个三年五载，也难以出头。

怕担风险的另一种表现是用人不求时效。有人研究证明：一个脑力劳动者，其工作早期是最富有效率的时期。这些人到 40 岁以后，年龄和成就之间就开始呈现出反比关系。据统计，历史上 1249 名科学家和 1928 项重大科研成果，按年龄统计得出最佳年龄期为 25～45 岁，最佳年龄峰值为 37 岁左右。《科学界的精英》的作者哈里特·朱克曼对诺贝尔奖获得者进行分析指出，世界上 286 名获奖者从事获奖研究的年龄平均为 38.7 岁。人们对管理人才的年龄与成就的关系也进行了研究，结果表明工程师在技术岗位上担负最重要工作的年龄是 37 岁，而他们转向管理工作的年龄则在 47 岁。另外，工程技术人员最能干的年龄是 35 岁，而管理者最能干的年龄则是在 40 岁出头的时候。无论是管理者还是工程技术人员，他们自己最关心的问题是，他们最出成绩的时间（至少是别人认可的最出成绩的时间）好像太短了，不仅比出成绩以前的时间短，而且也比以后无大事可做的时间要短。

有经验的领导者都有一个共同的切身体会，即用人行为的发展演变过程非常复杂，尽管领导者手中掌握着看似显赫的用人大权，可是在很多时候，却并不能随心所欲地使用下属。在将用人认识转变为用人行为，最终实现自己的用人目标的过程中，领导者的用人选择，往往要受制于许多内外在因素。有时候，错过一次用人机遇，就将有一批下属必须为此再等待若干年，有可能一辈子也没有施展才华的机遇。为此，作为一个对下属负责任的领导者，就必须认真把握每一次极其宝贵的用人契机，尽可能在契机降临之际，适时起用那些德才兼备、实绩卓著的优秀下属。这种适时捕捉用人机遇，果断起用已经成熟的优秀人才的用人谋略，被称为适时起用人才谋略。

在起用人才时，为什么必须做到适时呢？

这是因为，每个人才都有他一生中的最佳时期，而对每个人才的起用，又有对其健康成长最为有利的恰当时机，能否选择最为有利的恰当时机，去适时起用处于最佳时期的各类人才，其用人效果是截然不同的。

所谓最佳时期，目前人才学界有两种解释，一种观点认为，可以从人才的接近成熟期，或者叫基本成熟期算起，加上他的整个最佳年龄区，就是人才一生中的最佳时期；还有一种观点认为，人才的最佳时期，实际上应该短于他的最佳年龄区，一般可以从他的基本成熟期算起，直到他的巅峰状况时期（即峰值年龄）为止。根据上述两种观点，便可以粗略计算出每一个人才的最佳时期。例如，某个领导人才的基本成熟期为 30 岁左右，他的最佳年龄区为 35～55 岁，他的峰值年龄为 45 岁，那么，他一生中的最佳时期，就是从 30 岁左右至 45 岁之间，或者从 30 岁左右至 55 岁之间。鉴于每个人才的基本成熟期、最佳年龄期和峰值年龄，都各有差异、长短不一，所以在计算人才的最佳时期时，应该因人而异、区别对待。

所谓起用人才的恰当时机，应该符合以下两个基本条件：①能够最充分地利用他的最佳时期，使人才在他精力最充沛、才华最横溢的时期，为国家和企业做出尽可能多的贡献；②对其健康成长最为有利，能够产生激励作用，促其成长。只有在这恰当的时候，大胆地、及时地将人才选拔到重要的岗位上来，才算准确捕捉到了恰当时机，用当其时。

在具体运用适时起用人才谋略时，作为一个企业经营者，应着重注意以下三点：

第一，要深知掌握用人契机的重要性，不要放过每一个稍纵即逝的用人机遇，并充分加以利用。用人机遇，并不是随时都有，更不会反复出现，有时候，对于部分人才而言，也许一生中只会遇到一次。倘若领导者不懂得掌握用人契机的重要性，不会抓住稍纵即逝的用人机遇，就难以避免贻误人才、浪费人才的用人悲剧。

第二，要适时摘取即将成熟或刚刚成熟的苹果，最大限度地利用每个人才的最佳时期。既然每个人才的最佳时期都有一定的局限性，那么，适时摘取即将成熟或刚刚成熟的苹果，和过时摘取已经熟透开始变烂的苹果，两者相比，哪个获取的社会效益和经济效益更为显著，这笔账是大家都可以计算的。为此，各级领导在用人的过程中，就应该有意识地强化自己适时起用人才的意识，坚决摈弃一切求全责备、长期考验、求稳怕乱、论资排辈的陈腐用人观点，大胆起用那些锐意进取、勇于开拓的中青年优秀人才。

第三，要建立健全一套科学合理的适时起用各类人才的制度，为各类人才的健康成长提供更多的条件和机遇。在用人实践中，仅凭少数开明的领导者一味被动地捕捉机遇，适时起用人才，固然能够发掘一部分人才资源，但这显然远远不够。为了从根本上克服贻误人才、浪费人才的不良现象，每个企业领导者还必须根据本部门的实际情况，尽快建立健全一整套适时起用各类人才的制度，从而主动地为各类人才提供更多的成才条件和成才机遇。只有这样，适时起用人才谋略，才能在用人的过程中得到始终如一的、畅通无阻的贯彻实施。

将竞争机制引入用人之中

是不是人才，在竞争中一目了然。竞争不仅利于人才"脱颖而出"，还能激发人才的潜能。

1. 使用鲶鱼效应

生活中的近亲繁殖，会造成大批先天不足的残疾人问世，人才机制中的"近亲繁殖"，同样会给社会、企业带来危害。它不仅造成编制膨胀，人才流动困难，形成盘根错节的社会关系网，而且会导致正不压邪现象，是非无标准，亲疏定界限，赏罚无度，群众怨气冲天，造成单位风气不正。更为严重的是，在少数单位，它还形成了滋生徇私舞弊、权钱交易、裙带关系等腐败现象的温床。对此，领导决不能掉以轻心，必须引起足够的重视。

据说，挪威人喜吃新鲜沙丁鱼，而渔民们每次捕捞归来时，沙丁鱼在途中就死了，只有一艘船总是能带着活鱼返港。其中奥妙就是该船在鱼槽里放了几条鲶鱼，沙丁鱼因受到威胁而不得不四处游动，避免了窒息而死，这就是人们说的"鲶鱼效应"。可见，要想避免因用人机制"近亲繁殖"而引起的"窒息"，也需要大胆地调入一些"鲶鱼"，断然调出一部分"沙丁鱼"。加强人才交流，引进竞争机制，使一个企业的员工真正"活"起来，打破清一色，造成一个"能者上，平者让，劣者下"的局面。因此，企业在选配人才时，一要注意防止出现"家庭式""亲友式"的血缘链；二是打破由老熟人、老朋友构成的关系链。要建立一套科学完善的用人机制，使选拔人才的工作更加科学化和法制化，做到有章可循、有法可依，从根本制度上解决企业人才队伍素质的退化问题。

2. 激活逞能的欲望

用人之道，当首推启动竞争。因为，竞争能够激起人的荣辱感、进取心，给人施加对比的压力、奋斗的动力，从而下决心竭力夺魁。因此，有人说："竞争是高能加速器，它能使人才在碰撞中激发出璀璨的火花；竞争是创造之车的引擎，能使人才散发出创新的异彩；竞争是催化剂，它能使各类人才加速'反应'，出现科学大繁荣；竞争是接力赛，可使各家各派同舟共济，攀登科学峰巅；竞争是源头活水，可使英才如不尽长江滚滚来；竞争是策马的鞭、荡舟的桨、鼓风的帆，它将造成万马驰骋、百舸争流、千帆竞发的奇观。"由此可见，竞争对于人才的成长和人尽其才是如此重要。但是，启动竞争，并不是件容易的事，在许多时候，并不是利益、荣辱就能够推动的。所以，必须根据竞争的特点和人、事的具体情况，采取恰当的措施，加以启动和引导，通常首先是要激活下属的"逞能"欲望。

一个正常的人，总有某一方面或几方面的能力较为突出，其中有些人一旦具有某种能力就要跃跃欲试，一显身手；而另一些人，由于种种原因，暂时甚至永远地"怀才不露"，这就成为一些领导者如何激活其"逞能"的欲望，促使其才能显露的重要课题。

激活"逞能"欲望的手段一般有两类：一类是物质的，一类是精神的。物质激活法，即按照物质利益原则，通过奖励、工资及福利等杠杆，激励他们努力工作，积极进取，所谓"重赏之下，必有勇夫"即是这个道理。精神激活法，也有两种，一种是事后鼓励，例如表彰、表扬等；再一种是事前激励，即在完成某件工作之前，给予恰当的有时甚至是激励的刺激或鼓励，使其对工作的完成产生强烈的欲望，这样，其求胜心变成成功的动力，使其乐于接受并竭尽全力去完成。特别是对于好胜心、进取心比较强的人而言，事前的某些激励要比事后的奖励和表彰效果更好。比如生活中常用的做动员报告，就是此法。

事前激励，通常也有两种做法：一是正面激励，即积极的激励；二是反面激励，即消极的激励。正面激励即正面说服、正面要求、正面慰勉，并明确事后的奖励政策；反面激励，也就是通常所说的"激将法"，由于激将法对人的尊严和虚荣心有着强烈的刺激，所以通常情况下也都比较成功。

3. 强化荣辱意识

知荣辱，是勇于竞争的基础条件之一。但荣辱意识，也各有不同，有的人荣辱意识特强，"荣则狂，辱则崩"；而有的人荣辱意识极弱，几近消失，有的人甚至不知荣辱，即人们所谓的不知羞耻。因此，在启用竞争用人方法时，强化人们的荣辱意识是非常必要的。

强化荣辱意识，必先激发人的自尊心。自尊心是人的重要精神支柱，是进取的重要动力，自尊心丧失了则容易使人变得妄自菲薄、情绪低落，甚至郁悒寡欢，从而极大地影响劳动积极性。但是，事实上，并不是每个人都具有正常的自尊心，它有三种表现形式：一是自大型，这是自尊心过强的表现，这种人目空一切、盛气凌人、妄自尊大，以至于抬高自己、打击别人；二是自勉型，这是自尊心的正常表现，这种人不甘落后，有上进心，勇于挑明观点，坚持自己的意见，勇于承担责任、履行诺言，能正确地看待自己，也能尊重别人；三是自卑型，这是缺少或者丧失自尊心的表现，这种人常常自暴自弃，甘居下游，凡事从命，没有上进心，有时也毫无原则、朝秦暮楚。自尊心与荣辱意识关系非常密切，具有"自大型"自尊心的人，其荣辱感极强，而且常常只能取荣，而不能受辱；只能"出入一头"，而不能落于人后，并且其荣辱感常常带有强烈的嫉妒色彩。具有"自勉型"自尊心的人，其荣辱意识也较强，但是这种荣辱意识是建立在自身进取的前提下，并不带有任何嫉妒的色彩，因此，这是一种健康的、积极的自尊心理。具有"自卑型"自尊心的人，其荣辱意识微弱，有的甚至不知荣辱，近乎麻木。所以，对这一类人一定要通过教育、启发等各种手段，激发其自尊心，尤其是要引导其认识自身的能力，激发其自强不息。

强化荣辱意识，还必须确定荣辱标准，即何为荣、何为辱、应有个明确的概念。世界上的事情错综复杂，"不以为耻，反以为荣"和"疑为耻辱，实为殊荣"者大有人在，大有事在。例如，弄虚作假、谎报政绩者，有人认为这是'能人'之举，有人认为这是奸伪之风；据实呈报、实事求是者，有人认为这是老实无能，有人认为这是忠实厚道。再如，为一时"政绩"而不惜牺牲人民利益者，有人认为这是事业心所在，有人却认为这是"千古罪人"；为维护国家利益而使一城一地利益小受影响者，有人认为这是"取宠于上"，有人却认为这是"公心可掬"。因此，只有分清荣辱界限，才能在竞争中趋荣避辱、得心应手。

强化荣辱意识，还必须注意干事业过程中的荣辱体现，要体现进者荣、退者辱；先者荣、后者辱；成者荣、败者辱；正者荣、邪者辱。如果正气蔚然成风，那么人们的荣辱意识必强，其竭力进取之心也必强。

4. 给予争强的机会

用人中启动竞争的目的是为了人尽其才，促进事业的发展。为了达到这一目的，还必须为每一个员工提供各种竞争的条件，也就是工作进取的条件，尤其是要为每个员工提供争强的机会。包括：①尽其才机会。即安排适宜的工作、对口的专业、便利的工作条件、较好的工作配合。②失败复起机会。工作失误或失败以后，要尽量提供"东山再起"的条件，以激励其总结经验、吸取教训，使其更加努力。一个不怕失败的能人比一个不失败的庸人可能更有作为。③进修机会。即在工作中为员工提供学习时间、费用及其他条件，使其在知识更新中不断得到补充，以不断增强其工作能力和竞争能力。④进取机会。即使其在胜任现职工作的基础上，在职务上、在权力上乃至学业上能够有所上进，为其一展宏图创造条件，为其实现伟大抱负铺好台阶。

在给予争强机会时，必须注意三项原则：

一是机会均等的原则。即不仅在竞争面前人人平等，而且在提供竞争的条件上也是人人平等。这些条件包括：①经济条件。凡是工作、科研或学习所需要的费用以及其他必要的开支一律平等对待；凡是在事业上有发展、工作中取得成果的一律根据其相应的效益给予应得的奖励和报酬。②政治权利。作为公民，毫无疑问，应享受宪法规定的同等的权利；作为职工，也应享受企业（或单位）规定的各种权利，例如，工作权、决策权、建议权、学习权以及选举权和被选举权等。③选择机会。即在选择时要保证有统一的尺度，也就是要讲求真才实学。在这一尺度面前，一切关系、门第、地位等都应被驱逐出列。

二是因事而予的原则。作为一个社会，各种职业众多，竞争内容十分丰富，争强机会也随之而广泛。而作为一个单位，职业有限，事业单纯，争强机会只能随事业发展需要而定，作为领导者虽然应为下属的前进铺平道路，但是方向是确定的，这就是事业的发展和成功。

三是连续给予的原则，在给予机会时，不能"定量供应"，也不能"平等供应"，尤其不能"按期供应"，而必须是在事业发展的过程中，设立一个一个"里程碑"，同时设立一个一个"加油站"，使其每完成一项奋斗目标以后，接着就能接到另一目标，同时也能获得"能量的补充"。从而使部属在任何时候都能相应地获得进取的机会和条件。

不要因人设事，而要因事设人

在一部分办事效率很低的单位里，人浮于事，机构臃肿，往往使领导者伤透脑筋。尤其令人头痛的是，那些空闲人，并不满足于没事干，而是唯恐领导者看到他们闲着，因而总是争着找事干，结果，许多毫无实际意义的会议、报表、材料、总结、讲话、指示便应运而生了。在这种虚假的、徒劳的忙碌之中，很多有才华的下属，其宝贵年华便白白地被消耗掉了。

按照由人到事的思维定式来考虑问题和处理问题，必然出现以下各种常见的用人弊端：

（1）要办的事找不到合适的人；

（2）一部分人在干着毫无意义的事；

（3）无用之才出不去，有用之才进不来；

（4）机构臃肿，人浮于事，内耗太大，效率降低；

（5）最终影响管理目标的顺利实现。

造成这些用人弊端的根源，在于领导者误用了因人设事的管理方法。

因事用人谋略，是同因人设事相反的一条用人谋略，它是指在用人过程中，领导者务必根据领导管理活动的需要，有什么事要办，才用什么人；决不能有什么人，就去办什么事。显然，确立因事用人谋略的根本宗旨，在于更有效地利用人才资源，尽量避免不必要的人才浪费。

确立因事用人谋略的思维定式，是由事到人、因事用人，而不是某些领导者所习惯的由人到事。

从事一切领导活动的最主要目的，就在于实现预定的管理目标，把事情做好。为此，当然要讲究用人。用人仅仅是一种手段，绝不是从事领导活动的目的。企业的各层领导只有根据由事到人的思维模式去指导和制约用人抉择，方能在用人实践中做到以下几点：

（1）根据目标管理的需要，分析和筛选自己面临的各种事情；

（2）为各种必须办的事情，挑选最合适的人选；

（3）通过因事制宜、因事设人之后，凡是本地区、本单位紧缺的人才，从速通过各种渠道，采取各种方式，从外地区、外单位（甚至是国外）大胆引进；

（4）凡是企业各部门多余的人才，在征得本人同意的基础上，应根据其专长特长——素质条件，及时交流到最能扬其所长的部门去工作，决不照顾使用或养而不用。

由此可见，因事用人，是各企业必须认真研究、灵活运用的一条十分重要的用人谋略，在具体实践中，势必显示出它的弹性和旺盛的生命力。

独挑大梁全无必要

领导要善于分派工作，就是把一项工作托付给自己的员工去做。这并不是说把所有的工作指派给员工去做，而是要下放一定权力，让员工来做些决定，或是给员工一些机会来试试像领导一样做事。

当然了，总有一些工作没有人愿意去做。这时候，也许领导就该把这些任务分一分，并且承认它们的确是有那么一点令人不快，但是，不管怎么说，工作总得完成。

这时，领导千万不要装得好像给了那些得到这些工作的人莫大的机会，一旦员工发现事实并非如此的时候，他们会更厌恶去做这件事，这样一来，工作便做不下去了，影响了其他工作的正常进行。

为什么对某些领导来说，把工作分派给自己的员工去做是件如此困难的事呢？归纳其原因主要有以下五点：

（1）如果领导把一件自己可以干得很好的工作分派给员工做了，也许就达不到领导希望达到的水平了，他们或者不如领导做得那么快，或者做得不如领导精细。

一旦领导求全责备的思想作怪，就会以为把工作派给员工做，不会做得像自己那样好。这时候，领导应该问问你自己，尽管自己的员工不如你做得好，但是不是也能达到目的呢？如果不是，你能不能教教他们，让他们把工作做好呢？

（2）如果让员工来做工作，也许领导会担心他们做得比自己好，而最终会取代领导的工作。

但是，如果领导把那些常规性的工作派给员工去做，他就自己可以腾出时间来做一些更富有创造性的工作；另一方面，领导或许会因为教导员工有方，而获得晋升或是其他的奖励。因此领导应该把工作分派给员工，指导员工如何将工作做好。

（3）如果领导放弃了自己的职责，他将无事可干。因为害怕把工作派给员工做了之后，自己就无事可干了，所以那些手中有些小权的人，哪怕是芝麻绿豆大的小事，也不愿放手让自己的员工去干。

领导应该认识到，放手让自己的员工去干一些小事，不但会有助于自己提高管理能力，还会增加他们为自己分担一部分工作的机会。

（4）领导没有时间去教员工如何接手工作。在这一点上，领导必须明白，自己越是没空训练员工接手工作，自己要干的事就越多。事情总要分个先后，教会员工干了，自己就可以有更多的时间来干更加重要的事情。

（5）没有可以托付工作的合适人选。这是领导为不分派工作而找的最常见的理由。并不是员工没能力来承担这项工作，而是他们不是太忙，就是不愿意干分配给他们的工作，要么就是别人认为员工的能力不够。

如果领导确确实实想要把工作分派下去，那么，他就应该多花一些时间，全面考虑问题，对于所有上述的这些困难，不要持推诿态度。

如果领导确实有理由担心，例如，如果自己的员工工作上出了差错之后，领导就会丢掉自己的工作；或者，工作氛围相当糟糕，担心工作不会有什么起色；遇到这种情况，领导便应该权衡利弊，要考虑分派任务后有关员工的士气，同时也会影响到彼此的关系。如果问题处理得好，工作会相当顺利，如果人选不好，任务分派不均，单靠某一个人的力量便想做好工作，那简直是做梦。

在分派工作之前，需要把为什么选该员工完成这项工作的原因讲清楚。关键是要强调积极的一面，要向该员工指出，他的特殊才能是适合完成这项工作的，还必须强调领导对他的信任。同时，还要让员工知道他对完成工作任务所负的重要责任，及完成这项工作任务对他目前和今后在组织中的地位会有什么样的影响。

杰克为了参加一个老友的葬礼，匆匆驾车来到一个小镇，这个镇虽然很小，但是殡仪馆却不容易找。最后他只好停车问一个小男孩。

"到殡仪馆吗？先生，"小男孩慢吞吞地回答，"您一直往前开，到一个交叉路口，你会看到一头乳牛在右边吃草。这时你往左转再开一两百米，前面树林里有一栋古老的小木屋，越过小木屋继续向前开，你会发现一株被雷电击倒的古树。这时往左转，过不了多久，您会看到一条泥巴路，路旁停着史密斯农场的拖拉机，越过拖拉机继续往前直走，就会找到殡仪馆。如果拖拉机已经不在那儿了，回头再找我，我会给你更多指示。"

结果可想而知，杰克未能赶上参加朋友的葬礼，因为小男孩的指示太不着边际，他根本无法理出头绪，按照小男孩的指示去做。

在工作过程中，身为领导对员工下达任务、发号施令，这是很自然的事情。但是，怎样下达命令才能让自己的计划得到彻底实施呢？怎样才能让员工更加积极、主动、出色、创造性地去完成工作呢？第一点，领导应该了解自己员工的性格爱好。第二点，领导应该明确提出自己的要求，让员工做到心中有数，按照领导的预期目标去努力。这就要求领导在下达命令分派任务时，切忌指示不着边际、语言含糊不清。

许多领导都有这样的毛病，下达不着边际的指示，然后责怪员工没有执行他的指示。很多领导心想："雇用这个人的时候，他看上去很有能力，怎么办起事情来这么差劲！"事实上该检讨的是他自己。再有能力的员工，如果弄不清楚上司究竟要他做什么，他当然无法完成任务。

试想一个能力出众的员工未能完成上司的要求，而上司却认为自己已经下达了详尽的指示，提供了完成任务的所有技术资料。

"到底什么地方出了差错？"领导百思不解。

"他能力出众，一向值得信赖，是个无可挑剔的员工，怎么会出现这种错误？"

发生上述问题的原因，往往不在员工，而在领导。如果领导认真检讨自己，就会发现自己犯了一个大错，他下达的指示不清楚。

哥伦布动物园也发生过类似的趣事。

照顾动物的员工请示领班："这只天鹅老是啄游客，该怎么办?"

领班正忙昏了头，便打趣地说："宰了喂豹子吧!"

这个员工竟真的将价值三百美元的天鹅宰了喂豹子。

问题就在于内容不明确的指示像瘟疫一样危害员工，往往使他们做出预料之外的事情。

领导如何纠正这种毛病?

很简单，明确下达你的指示。当你要某个员工做某件事时，要确定你已经说清楚了你的指示，究竟你让他做什么，怎么去做，花多长的时间、和谁联系、为什么这么做、经费怎么算等都应一一交代清楚。

明确下达指示的先决条件，是你必须弄清楚自己的企图。

如果领导自己都不清楚自己要做什么，却要求自己的员工去完成任务，无疑缘木求鱼。如果领导能明确交代指示，员工将会感激上司的真诚，而全力以赴地去完成任务。

最后要注意，交代任务时语言绝不可含混不清，要大声而清楚、平静而稳定，避免让员工产生误解，造成不必要的损失。

检查工作进展情况

如何确定分派出去的工作任务进展情况的评价和检查计划，是一项很有技巧的事。检查太勤会浪费时间；反之，如果对分派出去的工作不闻不问，也会导致灾祸。

对不同的工作，检查计划也应有所不同。这主要取决于工作的难易程度、员工的能力，及完成工作需要时间的长短。如果某项工作难度很大，并且应该优先解决，就要时常检查工作的进展情况，每一两天检查一次，保证工作的成效而又不花费太多的时间，这类工作都有一个内在的工作进展阶段，一个阶段的结束同时又是另一个阶段的开始。这种阶段的起止时间是检查和评价工作进展情况的最好标准。当领导把一件有困难的工作分派给一个经验较少的员工去做时，不论从必要性还是从完成工作的愿望上来讲，多检查几次工作的进展情况都是有益的。对这种情况，领导可以把检查工作进展情况的次数，定为其他员工的两倍。除了定期检查工作以外，还要竖起耳朵随时倾听员工的意见和报告工作进展的情况。要让员工知道，领导对他的工作很关心，并愿意随时和他一道讨论工作中遇到的各种问题。

一般地讲，领导既然把某项工作交给了员工，就要相信他胜任这项工作。因此，每周检查一次工作的进展情况也就足够了。但要鼓励员工在有问题时随时来找自己，另外还要让他们懂得领导不去问他们，是为避免不必要的打扰，和对他们的信任。

评价工作进展的方法必须明确。要求员工向自己报告工作是怎样做的，还有多少工作没有做完，让他告诉自己工作中遇到的问题和他是怎样解决这些问题的。最后，领导要用坚定的口气向员工指明必须完成工作的期限和达到要求的行动方案，促使员工继续努力工作。

将权力适当下放

一位记者曾对朋友说，当他刚到某报社工作时，觉得该报社的社长是一个性格怪异的人。因为他经常在中午过后才到报社，有时是一副睡眼蒙眬的姿容。他到报社之后，往往先指示若干工作让员工去做，然后便坐到沙发上，跷起二郎腿阅读报纸杂志，到了傍晚，社长便匆匆离去了。在旁人看来，他似乎成天无所事事，徒有其职。所以，这位记者对他一点好印象都没有。

有一天快要下班了，社长将该记者叫住，指派他前往某市要员家中采访。他问社长："发生了什么事吗？"

社长只是淡淡地说："你不去怎么会知道呢？"

记者心想："可能只是去应酬吧！"便遵照社长的指示，晚上前往采访。

结果却出乎他的意料，他采访的内容竟成了头条新闻！该要员提供的情报，竟是一件很可能轰动全国的有关政府高官涉嫌漏税的案件。

从那以后，这位记者对社长便刮目相看了。

　　事实上，当一个人发现自己比不上别人时，必会以另一种心态去面对。例如，当一个人判断对方的考试成绩或处理金钱方面的能力，以及交际能力胜过自己时，对他的敬意便会油然而生。

　　所以，身为领导不妨利用人们的这种共同心理来建立自己的威信。比如，在教导员工时，故意先谈及复杂的内容，此时，在座的年轻员工当然会跟不上自己的思维进度，以此方法，必可使他们产生"我毕竟比不上此人"的想法。员工在进取心的驱使下，为使自己能够早日达到此种程度，必能坦然接受领导所下达的有关工作上的指示。

　　如果将重要的工作托付给优游闲适的人，他必定会花费相当多的时间来磨合，结果可能会一无所成。若托付给终日忙碌的人，反而会收到意外的成效。

　　这里所说"忙碌"的人是指会工作的人，或者是眼中有活儿的人。真正能干的人，会不断地发现工作上的问题，而且自己亲自动手去做。他会因此而获得上司或同事的青睐，人们经常找他帮忙，于是，他就更加忙了。不过，他知道该如何妥善分配时间，提高工作效率。

　　虽然他一直在说："忙啊！忙啊！"事实上，他却从容不迫地从事几倍于他人的工作，而且不会把工作堆积下来。比起那些不懂得分配时间，处理工作漫无条理，把工作堆积起来，并且在那里叫苦不迭的无能者，要高明得多了。

　　不管多忙，他都能将工作逐项完成，绝不会有"不知所措"或"力不从心"的情况发生。对他来说，工作愈多，他愈有干劲。

　　委托这种人工作，酬谢的代价也应该比别人更多。给予他有诱惑力的褒奖，对他本身或其他人，也会产生激励作用。

特别要注意的是，领导不能以为只要给他优厚的待遇、更高的地位，就可以不停地把工作分派给他，要知道"鞭打快牛"会把他逼到过分劳累的境地。

因此，当员工完成一件重要工作后，要让他们充分休息，要有这种关心体贴员工的举动和作风。领导在制作预定表、分配工作的时候，要注意到这一点，避免偏劳任何员工，造成不必要的麻烦，适当地把自己手中的权力下放给每一个员工，争取在不太长的时期内，能够做到分派任务比较公正、得体、及时，不要让员工产生不满情绪。聪明的领导善于把员工团结在自己的周围，注意团队的力量与个性相结合的原则，因此他的办事效率和在员工中的威信一定会比一般人高。

第六章　远大目标，感召前行

　　有句名言是这么说的："如果你想造一艘船，你先要做的不是催促人们去收集木料，也不是忙着分配工作和发布命令，而是激起他们对浩瀚无垠的大海的向往。"

在员工心里树立远大梦想

惠普电脑公司前总裁约翰·杨认为："一个秘密的目标，无法得到参与者和其他的助力。而将目标解释清楚，让参与者全部都明白了，可以激发他们的热忱，使得他们发挥最大的力量，这是靠压迫所得不到的无限力量。"

马丁·路德·金曾不停地宣扬："我有一个梦想。"

假若你要员工跟随你，你也必须有远大的梦想，而且要把这个梦想植入员工的大脑。

按照世界著名的领导力权威沃伦·本尼斯的说法：一个组织的梦想，称为愿景。

为了打败严重威胁法国安全的欧洲反动联盟，在进攻意大利之前，拿破仑对他的部队说："我将带领大家到世界上最肥美的平原去，那里有名誉、光荣、富贵在等着大家。"

拿破仑精准地抓住士兵们的期待，并将之具体地展现在他们的面前，以美丽的梦想来鼓舞他们。这支部队的梦想，就是愿景。

可见，愿景不能仅仅是领导者个人的梦想，而必须是团队成员所向往的。正如本尼斯所说："一个共享的愿景是人们感觉自己在做至关重要的事情，他们感觉自己在宇宙中留下印记。是这样一种感觉：尽管我们可能各不相同，但是我们是在一起做这个，而且我们是在做一些可能是改变生命甚至是改变世界的事情。在这些团队中，领导者的角色在很大程度上是创造一个舞台，团队成员可以在上面'做他们的事情'。"

早在1997年底，创业失败过两次的马云受国家外经贸部的邀请，带领来一个团队北上给外经贸部做网站。他们在北京租了一个不到20平方米的小房间，没日没夜地干活。

后来，在业务的方向上出现分歧，领导层认为网站的定位应该为大企业服务，而马云却认为电子商务的未来在于中小企业。在许多次沟通无效之后，1998年底，马云痛苦地决定，忍痛割爱，重新回到杭州，赤手空拳打天下。

在北京的最后几天，马云带着一个18人的团队去了长城。这是他们到京之后第一次去长城游玩。那天马云穿了一件红色的外套，头上戴着一顶白色的大毡帽，斜斜地靠在城墙上，享受着阳光。一群人在长城上，书生意气，激扬文字。马云突然有了豪情壮志，宣布要建立一个让所有中国人都为之骄傲的网站。

许多年以后，长城上的照片被当作是历史资料载入阿里巴巴史册，而马云在阿里五周年的时候也不无感动地表示："非常感谢那么多年大家的一路陪伴。因为马云的一句话，大家那么相信我，一直伴随我走到了今天。"

你可以买到一个人的时间，你可以雇一个人到固定的工作岗位，你可以买到按时或按日计算的技术操作，但你买不到热情，你买不到创造性，你买不到全身心地投入，你不得不设法争取这些。

而企业愿景会帮你争取到这些东西。因为一句话、一个共同的梦想（愿景），一个"十八罗汉"的团队放弃了北京月薪过万的工作，陪着马云回到杭州，拿 500 元的月薪，经历了无数跌宕起伏，共同创造了今天的辉煌。

研究愿景的管理类图书汗牛充栋，从多个角度分析阐述，给出了数不清的方法与途径。现代管理学之父彼得·德鲁克认为，一个企业必须思考这样三个问题：第一，我们的企业是什么？第二，我们的企业将是什么？第三，我们的企业应该是什么？

这三个问题有了答案，企业的愿景就呼之欲出了。如：

第一，我们的企业是汽车制造公司；

第二，我们的企业将是专业的、全球性的大型汽车制造公司；

第三，我们应该让更多的工薪阶层开上汽车。

"让每一个人都拥有一辆汽车"——这个愿景就呼之欲出。这是一百多年前美国福特汽车公司的愿景。当亨利·福特勇敢地向世人宣布时，很多人都觉得他是个疯子。但是历史最后证明，他是个伟大的企业家和梦想家。

不要担心愿景难以达成。容易达成的那不叫愿景，顶多叫目标。团队的成就不是由你遇到的问题所决定的，而是由你所解决的问题所决定的。领导力体现在解决问题，而不是背负问题，让问题越来越多。

愿景是团队启航的原动力，领导者是"船长"，告诉员工哪里有宝藏，给他一个航向，让他拥有一个实现自我价值的舞台。

变员工期望为具体目标

企业的领导者，必须能准确掌握大家的期待，并且把期待变成一个具体的目标。

大多数的人并不清楚自己的期待是什么。在这种情况下，能够清楚地把大家的期待具体地表现出来的，就是对团体最具有影响的人，就最具统帅力，能带领大家一同前进。

在企业的组织之中，光是把同伴所追求的事予以具体化并不够，还必须充分了解组织的立场，准确地掌握客观形势的需求并予以具体化。综合以上两项具体要求，清楚地表示组织的领导者必须率领员工完成企业的目标，这样才能在团体之中取得领导权。

在进攻意大利之前，拿破仑不忘鼓舞全军的士气："我将带领大家到世界上最肥美的平原去，那儿有名誉、光荣、富贵在等大家。"拿破仑很正确地抓住士兵们的期待，并将之具体地展现在他们面前，以美丽的梦想来鼓励他们。

用人的本质并不是以强权来压制和强迫人。如果是以强权或权威来压制一个人，这个人做起事来就失去了真正的动机。抓住人的期待并予以具体化，为了实现这个具体化的期待而努力，这就赋予人们实现目标的动机。

具体化期待能够赋予动机的理由，就在于它是个能够实现的目标。例如，盖房子的时候，如果没有建筑规划就无法完成施工的目标，建筑师把自己的想法具体地表现在蓝图上，再依照蓝图完成建筑。

同样的道理，组织行动时也必须有行动的蓝图，也就是精密的具体理想或目标。如果这个具体的理想或目标规划生动鲜明而详细的话，部下就会毫无疑惑地追随。如果领导者不能为部下规划出具体的理想或目标，部下就会因迷惑而自乱阵脚，丧失斗志。

善于带领团体的人，能够将大家所期待的未来远景，绘制出艳丽的色彩。而且这些远景经过他们的润色后，就不再是微不足道的小事，而变成了远大的理想和目标。

或许你会认为理想愈远大就愈不容易实现，也愈不容易吸引大家付诸行动，其实不然。理想、目标越微不足道，就越不能吸引众人的高昂斗志。

这一方面，领导者如何带领下属就很重要。没有魅力的领导者，因为唯恐目标不能实现，所以不能展示出令部下心动的远景。因此，下属跟着这样的领导者，必然难以产生自信，工作场所也像一片沙漠，大家都没有高昂的斗志，就算是再小的理想也无法实现。

当然，即使是伟大的远景，如果没有清楚地规划出实现的具体过程，亦无法使大家产生信心。因此，规划出一个远景的同时，还必须规划出达到远景的具体过程。

规划是达到目标必经的过程，指的就是从现在到达到目标所采取的方法、手段及必经之路。目标是奋斗达到的最终结果，由于要达到最终的结果并不容易，所以要设立为达到最后结果的前置目标（以此为第一次目标）。而要达到第二次目标也不容易，所以要设定达到第二次目标的前置目标（第三次目标）要达到第三次目标也不容易……就这样一步一步地设定次要目标，连接到现在。

为达到最后的结果就必须从最下位的基础目标开始努力，一步一步地向前一位目标迈进，一直到完成每个目标。这一步一步展开前置目标的过程，就称为"目标功能的进展"。

此"目标功能的进展"中，最下位的基础目标必须设定在最接近目前的状况，且尽可能详细而现实。也就是说，最下位的基础目标是必须可以达到的。达到最下位的目标后，再以上一层的目标为目的。

这种达到目标的过程或手段，要规划得愈仔细愈好。愈上位的目标，其过程或手段就愈概略，只要从下位目标一步一步地向上爬，最后一定可以达到。

像这样把由跟前的现状到达到目标的过程中的每一阶段都规划成一幅幅的展望图，这"目标功能的进展"若能一步步地实现，达到最终目标的效果就愈显著。

通过培训提升员工素养

一家企业能走多远，不仅仅取决于管理者的水平，更要看整体员工的水平。所以管理者在提升自身素养的同时，也要让员工同步提升。只有这样，企业、团队才能健康发展，越做越好。

员工培训是一项重要的人力资源投资，同时也是一种有效的激励方式，例如：组织业绩突出的职工去外地参观先进企业，鼓励职工利用业余时间进修并予以报销费用等。据有关调查，进修培训是许多职工看重的一个条件，因为金钱对于有技术、知识型员工的激励是暂时的，一段时间可以，长时间不行，他们更看重的是通过工作得到更好的发展和提高。

所有的培训都是由四个层面来构成的，即知识、技能、观念和习惯。

第一部分是知识。在此指的是与工作相关的一些基本知识，如以视频制作为核心业务的公司，对于新近的业务员需要培训视频的常见规格、常用术语，以及一些基本的业务知识、礼仪。知识是可以通过"讲授"来传递的，即通过讲解演示的方式就可以了。

第二部分是技能。技能是工作实际操作的具体动作。好比你学习击剑，光学理论知识不够，还得进行实战练习。技能要通过反复地"训练"来形成"肌肉记忆"。长时间地重复动作，就能达到人剑合一的境界。就具体工作而言，技能比知识更重要。

第三部分是观念。有了知识，又有了技能，如果我们的观念是落后的，那么我们的行动也必然是落后的。观念反映了人们对事物的认识和分析的角度。同样半杯水，一个人叹气只有半杯，另一个庆幸还有半杯。这与其说是心态不同，不如说是观念不同——观察的点不同，分析的角度不同，导致结论不同。员工的从业观、协作观、服务观等，都可以通过培训进行矫正。

第四部分是习惯。对于新进员工的一些不良工作习惯，要有意识地引导与改变。根据替代定律，改变一种坏习惯的同时最好是建立一种好习惯——如同挖掉一棵荆棘最好在原地种上玉兰树。

好习惯的养成没有捷径，只有长时间地重复重复再重复。

一家企业是否具有竞争力，关键就是看在这个企业里的人是否具有竞争力、是否具有较强的工作能力。通过对员工培训和提高，以最终达到提高企业核心竞争力的目标。

近年来，随着我国人口增长速度放缓以及产业升级与劳动力成本上升，很多企业面临日益严重的人力危机。

企业竞争归根结底是人才的竞争。基于这点认识，现代企业对员工培训的重视程度达到了一个前所未有的高度。大公司斥资建立管理学院，中小企业也搞全方位、立体式培训。企业培训开展得如火如荼，这是一个很好的发展趋势，但在这种趋势之下，企业培训过多流于形成，并没有落到实处。

当你深入企业了解培训的作用的时候，没有一个员工不认为培训很重要，但同时，也没有多少员工认为培训会给他们带来实质性的作用。

那么。要如何才能让培训落到实处？

1. 培训要有目标

谁需要培训？为什么要培训？培训哪些知识（技能）？培训目标不确定，培训效果无保证。有些培训是这样的：全员参加，上至老板、下至清洁工同坐一堂，几百号人甚至上千人一起听讲。这种不分人群没有层次的培训，有点像听相声，会场掌声如雷，会后效果等于零。没有目标的培训，其实就是在听相声。

2. 培训中要实现互动

在培训过程中，重点检查员工对培训内容、培训方式的满意度、可通过问卷调查或信息反馈卡（采取半开放式较好）及时了解员工对培训的意见和建议，了解培训的内容与实际问题的关联度，培训内容的难易程度是否适当等。通过了解这些信息可与培训机构或培训师沟通，避免员工学而无用或"消化不良"。

3. 设定一套硬性的培训考核指标体系

员工只会在意需要考核的事。任何一项制度，离开了考核便形同虚设。培训的参与次数、培训考试成绩、课堂表现和结业证书都可作为考核指标。还可以把考核结果与加薪、晋升、持证上岗、末位淘汰相结合，这样的考核才具有真正的意义。只有这样，才会提高员工学习积极性，促使员工真正把培训当回事，使培训事半功倍。

4. 培养内部培训师

外聘的培训师良莠不齐，不少老师并没有接触过经营管理的实践，对生意、服务与管理没有切身体会，基本上是半个外行。而他们的受训者却个个都是业务能手。况且，作为外人，他们不熟悉企业存在的问题、业务流程与企业文化，培训往往没有针对性，只好用风趣的语言、感人的故事包装出一些"道理"，让大家一会儿笑一会儿哭。总之，噱头多，干货少。而企业内部培养的培训讲师则不同，他们拥有丰富的业务知识和实践经验，能有针对性地解决企业问题。内部员工成为培训讲师的短板是：在课程设计、课程授课方面，没有接受过系统的学习和培训。因此，领导者需要有意识地培养他们，让他们迅速将短板补齐。

5. 持之以恒

罗马不是一天建成的。一个人的学识丰富，也是一点点积累起来的，只有养成了学习的习惯，才会成为一个学者，而不是一天或者一年就能成为专家学者的。那么企业也一样，要打造学习型组织，让员工的综合素质有全面的提升，不是靠几次的培训就能造就的，而是要制订长远细致的培训计划，让培训成为员工工作生涯的一部分。让员工一看到日历，就知道今天有什么培训，知道这个月有多少培训、今年参加了多少培训。总之，要持之以恒。

多让年轻人担当重任

不少单位的人才分布总有这样一个特点，那就是处于领导阶层的、在重要环节上负责任的，总是年龄大的人特别多。当然这一点与中老年人经验丰富、阅历广泛有关系，年轻人好像只有干活和听话的份，只能从较低的位置一点一点地往上爬。其实在实际工作中很多领导都有这样的体会，单位里某几个年轻人着实才华超众，对于这种年轻人，若不及时给他们一个担当重任的机会，就会大大妨碍他们成才。

嘴上没毛，办事不牢。一般的领导，对于年轻人总怀有戒心，通常不予重用。要知道，这样是有碍人才发展的。

正确的做法是，对于真正有才华的年轻人，应该是一开始就把他们当成能独当一面的人，委以重任，让他们有机会表现自己的能力，即使任务稍重过头也无妨。万一失败了，就要求他们主动负起责任，查明有关原因，做好善后处理工作。总之，这一切责任都要由他们一肩挑起。如此，才能促进他们尽快地成长。若是他们成功了，自然就给予其应得的奖励。

95 后以及即将走向职场的 00 后们，大都有一个长处，就是对困难毫不畏惧，打不败，压不垮，初生牛犊不畏虎，有一股子勇气。在他们的心目中，没有哪一种失败是不可挽回的。因此，他们从不推卸责任。所以，作为一个领导，应多让年轻人承担重任，给他们一个施展能力的舞台，让他们浑身的劲有处使，在磨炼中迅速走向成熟。

当然，多让年轻下属担当重任，也并不意味着自己的责任可减轻，反而会增加自己的心理负担。要知道，有时候辅导一个年轻人做成功一件事，可能要比自己单独做花费的心血还要多。但是作为领导也不能因怕增加心理负担和麻烦，而放弃让属下成长的责任。

不能总让人才原地踏步

日本某设备工业公司材料部有位名叫山本的优秀股长，因为精明强干，科长便分给他很多工作，而股长自己还有许多其他工作，诸如同其他部门协作、自觉建立原单位的管理系统等。山本工作积极、人品好，深受周围同事的好评。曾在该公司做过调查与采访的富山芳雄认为山本很有前途。

然而，时隔数年，当富山芳雄再次到这家公司时，竟发现山本判若两人。原以为山本已升任经理了，谁知他才是个小科长，而且离开了生产指挥系统的第一线，只当了一个材料部门的有职无权的空头科长，没有正经的工作，也无部下。此时的山本，给人的是一副厌世的形象。

为什么会出现如此让人意想不到的变化？富山芳雄经过调查了解，才明白事情的真相，原来十年之间，他的上司换了三任。最初的科长，因为山本精明强干，且是个靠得住的人物，丝毫就没有让他调动的想法。第二任科长在走马上任时，人事部门曾提出调动提升山本的建议。然而，新任科长不同意马上调走他，他答复人事部门，山本是工作主力，如果把他调走，势必要给自己的工作带来很大的困难，因此造成工作的损失他是不负责的，甚至挑衅地问道："是不是人事部门要替我的工作负责？"这样，哪任科长都不肯放他走，山本只好长期被迫做同样的工作，提升之事只能不了了之。最初，他似乎没有什么想不通的，干得还不错。然而，随着时间的推移，他逐渐变得主观、傲慢、固执，根本听不进他人意见和见解，加之他对工作了如指掌，对部下的意见根本不肯听，独断专行，盛气凌人。结果，使得部下谁也不愿意在他身边长久干下去，纷纷要求调走。而上司却认为，他虽然工作内行，堪称专家，然而却不适宜担任更高一级的职务。正因为如此，使他比相同期入公司的人提升科长晚了一步。这又使他变得越来越固执，以至于工作出了问题，最终被调离了第一线的指挥系统。

千万不能总让下属原地踏步，特别是对那些能干的下属，更应信任他们，适时提拔。

每个人在某个岗位上，都有一个最佳状态时期。有的学者经研究提出了人的能力饱和曲线问题，身为领导，要经常加强"台阶"考察，研究下属在能力饱和曲线上已经发展到哪个部位了。一方面，对在现在"台阶"上已经锻炼成熟的干部，要让他们承担难度更大的工作，或及时提拔到上级"台阶"上来，为他们提供新的用武之地，对一些特别优秀的干部，要采取"小步快跑"和破格提拔的形式使他们充分施展才干。另一方面，对经过一段时间的实践证明，不适应现有"台阶"锻炼的干部，要及时调整至下一级"台阶"上去"补课"。如果我们在"台阶"问题上，鱼目混珠，良莠不分，在任职时间上搞"平均主义"，必然埋没甚至摧残人才。如果该晋升的没有晋升，不该晋升的却晋升了，那就糟了。只要我们在"台阶"问题上坚持实事求是，按照人才成长的规律办事，就一定能够造就一批又一批的优秀人才。

适时提拔有能力的员工

适时适度地提拔一些有能力的员工，不仅有利于企业的发展，还可以利用这些被提拔的员工，借以了解其他员工的思想状况，并据此有的放矢地做好员工的工作。

领导者所提拔的员工，自然会心存感激，至少应忠心耿耿。当企业遇到困难的时候，他们会主动伸出手协助领导者渡过难关。当领导者的工作"万事俱备，只欠东风"的时候，他们也往往能给予有力协助，起到模范带头的作用。

被提拔的员工往往比领导者更容易接近其他员工，而且他们之间的关系通常也比较密切。所以当领导者的某项正确决定不为员工理解而难以贯彻实施时，被提拔的员工一带头，大家也许就跟着一起干了。被提拔的员工如果向大家解释领导者所做出决定的道理，大家可能会马上明白理解。在这时，被提拔的员工无疑已成为领导者的得力助手。在员工之中选择干将，加以提拔，并不是胡乱地选拔和提拔，务必要建立在一定的基础上。

首先，被提拔的员工必须是德才兼备、令其他员工所信服的人。有些员工在业务能力、技术水平等方面的确高人一筹、出类拔萃，但是，如果他们缺乏起码的职业道德，经常违反工作条例，不能够让其他员工产生好感，却被领导者未加慎重考察地提拔上来，便很难说服其他员工，弄不好大家还会产生不满情绪，给领导工作带来麻烦。

还有一些员工善于拉拢人心，待人接物可圈可点，工作上从没有违反过工作纪律，对同事、上司和其他人都一团和气、八面玲珑。但是，他们在实际工作中水平低、能力差，工作任务勉勉强强能够完成，且质量极差，对这种无才之人，尽管其他员工都给予好评，也绝不能提拔。如果这样的人真的被提拔上来，新的更重要的工作会使他招架不住而败下阵来，既影响了团队的工作，又会让被提拔者感到难堪。

更重要的是，尽管这种员工因为善于团结人而受到其他员工的好评，但是，如果他真的被选拔提拔了，那么，其他员工就会有意见。他们会认为：这种人只不过人缘好，才能并不比别人高，甚至还要差一点儿，为什么提拔他，而不提拔我们呢？再说，他根本就胜任不了新的工作。员工中存在这种意见，无疑也是有碍于工作的。

德尔福的员工前途设计方案

　　不少很有才气的青年人常会有怀才不遇的感受，当他们觉得在现有职位上停滞不前时，就会用辞职来开辟第二职业，以提高自己的价值。德尔福汽车系统公司的员工前途设计方案的指导思想就是创造条件促进员工的成长，从而推动公司的成长。德尔福人力资源总监沈坚先生认为："人才资源是公司发展的第一资源，如果用适当的方法加以引导，其价值将越来越大。"

　　德尔福的员工前途设计方案，冲破了传统提拔人才的模式。公司通过对员工能力的评价，找出强项和弱项，并根据个性、兴趣和特长，为其进行发展趋势的设计，并采取相应的培训使其扬长避短，最大限度地实现自身价值。

　　德尔福在选才之初，不仅考虑员工对招聘岗位的适应性，更注重挖掘员工的潜力。招聘通过报纸广告、网络查询、员工推荐、人才招聘会，以及猎头公司等渠道进行。招聘人员首先要通过由某咨询顾问公司提供的笔试。沈坚先生介绍，笔试的题目并不复杂，主要是测评英文水平和相关经验。面试则要分两部分进行，业务部门的经理来面试有关该岗位的专业水平，人事部门则要重点考察应聘人员"人性化"的方方面面，比如性格、气质、言谈以及以往工作的历史与人际关系等，为今后员工前途设计方案的实施奠定基础。

　　一个员工如果本职工作做得不错，公司会怎样奖励他？奖金、表扬或是奖励旅游，这是一般公司的做法。德尔福考虑的是，他有没有潜力担任更高一级的职务，承担更多的责任？如果有，哪些方面需要进行有目的的培训？这便是员工前途设计方案的实质。部门经理根据员工的表现，向人事部门推荐有潜力的人选。由人事部门根据员工在"个人表现评定系统"中的指标，以及在日常交流中的表现，来为其前途进行设计。如根据员工现有的条件及差距为其设计培训计划，对英文水平稍逊的员工要考虑让他到有语言环境的国外公司工作一段时间，对高层管理人员，则可以送到美国或在国内攻读 MBA。

在德尔福公司，不论是从事何种工作的部门，其经理必须拥有 MBA 文凭。也就是说，作为管理人员，他不仅要具备财务、技术或销售等方面的知识，也要懂得人力资源的管理，担负选拔人才的责任。

"上级永远压着下级"在德尔福是行不通的。他们认为："如果一个部门经理所管理的下属中，总是没有能够提拔的，那么这个部门经理也就没有升职的机会了。"

为员工提供深造机会，在德尔福看来是一种责任。员工素质的提高不仅可以使员工的满意度提高，也会使公司整体的经营管理水平得以发展。在一个处于发展期的公司中，机会是一个无穷大的概念，员工不断得到公司给予的机会，同时公司也会在市场竞争中不断得到发展壮大的机会。

提拔人才不要跟着感觉走

人才提拔得当，可以产生积极的导向作用，培养向优秀员工看齐和积极向上的团队精神，激励全体员工的士气。因此，领导者在决定提拔员工时，要做最周详的考虑，以确保人选的素质条件。提升还应讲原则，不能凭个人的喜好而滥用领导职权。

什么是提拔依据呢？最重要的是员工工作实绩的，其余条件全是次要的。因为一个人在前一工作岗位上表现的好坏，是可以用来预测他将来表现的指标的。切忌将员工的个性作为提拔标准。提拔不是利用员工的个性，而是为发挥员工的才能。这也是最公正的办法。这样，不但能堵众人之口，服众人之心，而且能堵住后门，避免员工间的钩心斗角。

尽管这个道理简单明了，可许多人还是做不到，主要是因为他们跟着感觉走，被表面现象欺骗，以致失去了判断力。

很多时候，提拔一个员工往往是因为他同领导者意气相投，领导者喜欢他的性格。比如领导者是快刀斩乱麻的人，自然就愿意提拔那些办事干脆利落的员工；领导者是个十分稳当、凡事慢三拍的人，就乐意提拔性格审慎小心、谨慎万分的员工；领导者是个心直口快的人，便不会提升那些说话婉转、讲策略的员工；领导者是爱出风头、讲排场、好面子的人，就不喜欢那些踏实、循规蹈矩的员工。另外还有一点，领导者普遍喜欢提拔性格温顺、老实听话的员工，对性格倔强、独立意识较强的员工一般不感兴

173

趣。这样提升的结果，便很可能造成用人失当。被提拔者很听话，投领导者脾气，也"精明强干"，可工作却搞不上去，而且还浪费了一批人才，致使一些性格不合领导者意又有真才实学的人却报效无门。

一个团队的最高领导者不可能事必躬亲，因此，选拔任用各级各类管理人才，是一桩必不可少而又至关重要的事务。在选用管理人员时，首先必须重视、考察其是否具备管理者的基本才干，具体包括技术才干、人事才干和总领全局的才干。

1. 技术才干

熟练掌握某种专门的技术，包括一系列方法、程序、工艺和技术等的专门活动。越是低层的管理者，技术才干越重要。对较高层的管理者，无须要求他熟悉掌握各种技术。管理者的技术才干一般是通过各种学校培训出来的。

2. 人事才干

人事才干是指处理好人与人之间合作共事关系的一种能力。具有高度人事才干的人，很注意对待别人和集体的态度、看法和信任情况，并了解这些感觉对工作是否有利。他能容忍不同的观点、感情和信念，善于理解别人的言行，并善于向他人表达自己的意图。他致力于创造民主的气氛，使员工敢于率直陈言而不担心受到报复。这种人非常敏感，能判断出一般人的需要和动机，并采取必要的措施避免其不利影响。这种才干必须实实在在地、始终如一地表现在自己的言行里，成为自己的有机组成部分。

对不同阶层人的人事才干有不同的侧重点：基层管理人员主要能让员工协调一致地工作；中层管理人员则能承上启下，声息贯通；高级管理人员应当具有对人事关系的高度敏感性和洞察力。这种才干也和技术才干一样，越是基层管理人员就越须具备这种才干。人事才干的培养，单靠在学校学习是不行的，还必须在实践中不断学习与体会。

3. 总领全局的才干

这种把团队作为一个整体来管理的才干，包括了解团队中各种职能的相互关系，懂得一个组织内部的变化将如何影响其他各个部门，进而能看清团队与行业、社会、乃至整个国家的政治、经济力量之间的相互关系。这是成功决策的必备条件。

总领全局的才干不仅极大地影响团队内部各部门之间的有效协作，而且极大地影响团队未来的发展方向和特点。实践证明，一个高级管理者的作风往往对团队的全部活动产生重大影响。这种才干是高层管理人员最重要的才干，它主宰着团队的命运。

可见，在管理过程中，总领全局的才干是一个统帅全局的因素，具有极其重要的意义。这个才干的获得，必须靠长期在团队中学习、实践，并有领导者直接进行指导。

总之，这三种才干既互相联系又互相独立，是每个优秀的管理人员所必须具备的。

晋升的梯子爬不完

不少人都有这样的职业经历：刚进入一家新公司，由于不太了解情况，会拼命地去钻研业务。每一个问题都全力应对，无论是成功还是失败，都会让自己增长工作能力。

因此，员工在新公司的最初一两年是能力上升最快的。随着对工作的熟悉，他逐渐掌握了岗位技能，就慢慢变成不大用功的人——轻车熟路，不怎么需要用功了。也就是说，他在能力增长空间变小的同时，求知欲、上进心也在逐渐降低。

一般来说，到了三年左右，员工在本职岗位上会进入求知欲、上进心下降的通道。如果这时没有安排他新的岗位、新的任务，他就会机械地应对工作。如果继续没有变化，他会待在现有岗位上做一天和尚撞一天钟，或者跳槽走人。

遗憾的是，在多数企业里，员工晋升机制度存在不少问题。

第一是晋升通道单一。多数企业里所谓的晋升，都是行政管理职位作为通道。这导致一些欠缺管理能力的技术人才，要么心怀不平地继续窝在技术岗位，要么是赶鸭子上架做管理，结果不仅浪费了他的技术特长，还让管理工作陷入被动。

企业应建立双重晋升通道：技术型人才走技术晋升通道，管理型人才走管理晋升通道。在华为，假如你做不了 20 级的管理者，可以应聘专业领域 20 级的技术人员，相应都有保障措施。所有的员工都有发展的空间，从而具有成长的动力。

双重晋升通道

第二是晋升的标准不规范。企业的晋升体系普遍没有形成整体的、严密的系统，缺乏足够的依据和严格的标准，加之考核制度的不完善与执行力度不够，使晋升与考核机制严重脱节，降低了晋升的公正性、公平性。

针对这个问题，企业要制定完善的晋升制度，将定性考核与定量考核结合，做到晋升有理有据、公开透明。

第三是企业没有为员工设计合理的职业生涯规划。员工缺乏激情或忠诚度欠缺，一个重要的原因就是没有清晰的晋升计划。员工干着干着，看不到自己的前途。

企业应根据企业和员工的需要，给每个岗位的优秀员工设计出将来的职业发展方向，并规定一旦达到某条件即可晋升到更上一级的职位，这样一级一级设计好即成了一条明确的晋升通道，员工也可以根据通道的设计来确立自己的职业目标。他们会思考自己想要到达的位置，有哪些能力要求是自己所欠缺的。

欠缺＝晋升所需求的能力—现在的能力。

为了晋升，员工会努力弥补欠缺，企业也因一批努力上进的优秀人才而发展壮大。

企业里的晋升，就要像一架爬不完的梯子。你需要让员工明白，一些位置是不可以很快获得的，必须通过长久努力。在晋升的过程中，总会有人掉下来，但大多数人一直在向上爬。

对下属寄予更高的期望

有些管理者常常埋怨员工的工作不到位，甚至会抱怨员工为什么不能达到和自己一样的标准。那么，你是否想到自己对他们寄予了更高的期望？

读完下面这个故事，你可能会得到启示：

有一个人死后升上天堂，他以前是司机，现在还想为上帝开车。于是，上帝的侍者带他到天堂的车房中参观。他看到那里有很多辆日本车，而只有寥寥可数的几部劳斯莱斯，不满意地问："为什么只有这几部名贵的大汽车？"侍者摊开双手无可奈何地说："我们也没有办法，下面的人祈祷时大多数都是要求天主赐给他们日本车，只有很少的人敢要求拥有劳斯莱斯，所以这种车就很少了。"

这个故事说明一个道理，有时候下属没有实现较高的绩效，只是因为他们没有对高绩效产生过期望。就像一个拿 3000 元月薪的人从来不曾想到自己每月可以挣一万元一样。既然他们连想都没有想过，又怎能得到？

切莫以为这种观念是知足常乐，其扼杀的恰恰是自己的创造才能和无穷的潜力。做主管的职责就是寄予下属更高的期望，让他们敢于幻想，并且帮助他们梦想成真。

这种期望对于工作不久的年轻人尤其能发挥神奇的作用。因为他们对于自我的评价还没有受到以往平庸绩效的暗示。而那些工作时间长的人，如果以往的工作绩效不高，思维惯性就会让他们认为自己难以超越从前。

国外一所大学有位讲授计算机课程的教授，就曾经在自己高期望的教育模式下，将一位计算机中心的看门人培养成合格的计算机操作员。

他为了证实自己的想法，专门挑选一些受教育程度很低的人进行培养。这位看门人就是其中之一，他在上午老老实实地看门，下午则学习计算机知识和技术。结果，这位当时连打字都学不会的人成功学会了操作计算机。后来他负责主机房的工作，还负责培训新雇员编制计算机程序和操作计算机。

由此可见，主管的期望是促使下属快速成长的巨大动力。因此，主管要相信在下属身上是可以发生奇迹的。在日常工作中，即便是对那些以往绩效平庸的老员工，也不要将失望的表情表露无遗。要把他们视为高绩效员工，像对待高绩效员工一样对待他们，告诉他们可以完成某个目标，然后鼓励他们做出更大的成绩。因为在员工的心目中，领导对自己是否抱有更高的期望，对他们的心态产生的影响是不一样的。例如，某部门有甲乙两位下属。如果甲明白主管期望自己在半年时间内将销售业绩提升到前三名，那么他就会干劲冲天。可是乙呢？如果主管对他不曾有什么期望，他自己就首先丧失信心了。

正因为主管的期盼在员工的心目中如此重要，因此，若想达到最佳的激励效果，我们可以以下方式来表达自己的期盼：

"小马，你来咱们公司已有一段时间了，在业务方面你已经成为一个能手。我看了上个季度的业绩报表，你连续三个月都排在部门业绩第一名，非常难得！作为你的直接上司，由于忙于各种工作，对你的指导并不多，你为部门立下了不少功劳，我要向你表示谢意。希望你能再接再厉。我相信，半年之后你肯定能成为全公司的业绩魁首！"

如此，从表扬到感谢，再到期望，下属了解了主管的期望，会把期盼变成工作的动力，由感动到感激而奋发。

当然，这种期盼也是建立在员工能力能达到的基础上。只是做领导的，为他拨开迷雾，引领他站在一个新的高度看待自己而已。

另外，对下属的高期盼也是培养员工忠诚度的一种方式。一般而言，在公司中习惯于跳槽的人都是为了实现自己的价值。特别是目前进入知识经济时代，员工愈发注重自我实现的需要。如果管理者在公司中充分关注了下属的这种需要，能把高标准的工作分派给下属，帮助他们实现自己的愿望，下属又怎么会选择其他公司呢？因此，美国新泽西州的一位管理顾问曾经说过："设立高期望值能为那些富有挑战精神的精英提供更多机会，为他们创造新的成就提供机会。"

另外，对下属寄予高期盼也是以人为本的表现。因为在早期的管理实践中，管理者主要关注生产要素，后期则将管理焦点转至员工要素。对下属寄予高期盼就是关心下属的表现，这种经营管理模式当然是深得人心的。

因此，聪明的主管们，在提高自己能力的同时，不要忘记时时鼓励下属，给他们一片施展的空间，让下属和你们共同提高。

让更多优秀员工脱颖而出

大家都知道，企业发展离不开那些忠诚敬业、敢于负责、绩效卓著的优秀员工。因此，成为优秀员工是每个员工都向往的，也是领导们所希望的。那么，优秀员工与普通员工相比有什么不同呢？

这就像 NBA 优秀球员与普通球员的差别一样，他们在比赛场上有超强的组织能力、应变能力和技术风格，因此才受到球队的青睐，受到广大球迷的追捧。同时，也为他们自己带来了物质荣誉双丰收。

那么，怎样才能成为这样的优秀员工呢？答案是领导者的精心培养和重用提升。

领导的威力和影响力人所共知。"一头绵羊带领一群雄狮，敌不过一头雄狮带领一群绵羊"，就是对优秀领导者的最高评价。在部门员工中，主管就担当着雄狮的角色。但是他的职责不是带领绵羊般的员工去征战，而是要把他们都培养成能征善战的雄狮。因为领导一个人有能力不等于所有员工都有能力，领导一个人成功并不代表团队都能取得成功。可是，很多企业中，有些主管只忙于自己向上攀登，却没有及时帮助员工，结果就无法形成一个上下齐心、同心同德的团队。

而那些优秀的主管则不同，他们明白，对一个企业来说，一个高绩效的团队，必须是所有个体充分发挥主动性和创造性的最佳组合。他们的宗旨就是让员工和自己一同成功。因此，他们都高度重视员工能力的建设和培养。在工作中，他们会积极发挥自己的榜样作用，为团队培养出更多像自己一样甚至超越自己的优秀员工。

世界电扇大王王育佑就是在老板的引领下一步步成长壮大，进而攀登到老板阶层的。

王育佑中学毕业后经别人介绍，进了一家电器贸易行任职。他工作积极用心，一年中能力不断提高。老板见他精明能干，便有意识地锻炼和培养他，经常派他出门去收旧账，并告诉他一些收账的技巧。收账碰壁后，老板就会和他一起分析应对的办法。王育佑从老板那里学到了不少知识，以后他果然没有让老板失望，收回了不少旧账。

老板看到他能力有长进，便更加有意识地栽培他，又让他管理财务。王育佑抓住这次难得的机会，没多久，就熟悉了财务方面的知识。

在以后几年的职业生涯中，老板又有意识地让王育佑接触经营方面的各项业务。就这样，王育佑通过接触更多不同的行业，积累了丰富的工作经验，也结交了不少朋友，这些都为他后来成为电扇大王打下了良好的基础。

后来，在谈到自己的成功时，王育佑对老板的感激之情溢于言表。他说："是老板给我提供了锻炼的机会。没有老板当时的帮助，我是不可能取得如此大的成就的。"

的确，在员工的成长过程中，主管起着很重要的作用。那些优秀的主管们为了培养优秀员工也会像王育佑的老板一样付出很大心血，给下属一个更高的平台，让他们充分施展自己的聪明才智。为了做大做强企业，使企业和自己双赢，让每个员工成为优秀员工，让优秀员工脱颖而出，他们会通过自己的领导魅力去感染员工，促使那些工作不到位的员工自觉改进工作作风；他们会通过创造一个集思广益的团队激励员工工作热情，从而提高工作效率。而员工们也会在他们的带领下，齐心协力，珍惜每一次锻炼的机会，千方百计地创造佳绩，而且他们中的有些人还会不断超越自己，完成从优秀向卓越的跨越。

最为可贵的是，在这些优秀员工榜样的影响下，其他员工也会受到感染，一起积极投入工作中。最终，所有员工的优秀表现为公司带来了更多的效益，促进了公司的发展。

由此可见，员工和企业及领导都是共生共荣的，只有互相搭台、高度团结、优势互补，才能组合成卓尔不群的效能执行力，才能共同起飞。企业发展才能具有永不枯竭的动力。因此，主管在向上攀登的同时，不要忘记帮助员工成长，和他们互相搭台，共同起飞。让更多的优秀员工脱颖而出，让更多员工都成为雄狮！